Peter Scholl
TENNIS IST TOLL

CIP-Titelaufnahme der Deutschen Bibliothek

Tennis ist toll
von den Besten lernen/Peter Scholl. –
München: Wien: Zürich: BLV 1991
   ISBN 3-405-14165-6
NE. Scholl, Peter

Bildnachweis

Alle Fotos Thomas Exler außer:
D. Birkner Seite 72

Umschlaggestaltung: F & H Werbeagentur GmbH, München
Umschlagfoto: Thomas Exler
Layout: Manfred Sinicki

BLV Verlagsgesellschaft mbH
München Wien Zürich
8000 München 40

© 1991 BLV Verlagsgesellschaft mbH, München

Das Werk einschließlich aller seiner Teile ist urheberrechtlich geschützt. Jede Verwertung außerhalb der engen Grenzen des Urheberrechtsgesetzes ist ohne Zustimmung des Verlags unzulässig und strafbar. Das gilt insbesondere für Vervielfältigungen, Übersetzungen, Mikroverfilmungen und die Einspeicherung und Verarbeitung in elektronischen Systemen.

Computergrafik: Kartographie Huber

Papier: BVS matt, holzfrei mattgestrichenes Bilderdruck, 115 g
Papierfabrik Scheufelen D-7318 Lenningen 1

Satz: Typodata, München
Druck und Bindung: Freiburger Graphische Betriebe, Freiburg i. Br.

Printed in Germany · ISBN 3-405-14165-6

Vorwort

In den letzten Jahren habe ich mich immer wieder dabei ertappt, daß ich Tips zu dem einen oder anderen Tennisthema (aus Technik, Taktik usw.) nicht mehr mit der gleichen, mir normalerweise eigenen Begeisterung und Überzeugungskraft weitergegeben habe. War ich allmählich abgestumpft? War ich müde geworden? Oder hing die aufkommende Unsicherheit mit dem Verdacht zusammen, den ich schon eine ganze Weile hatte, daß nämlich das Spiel der Besten in vielen Punkten den Vergleich mit dem Tennis, das die offizielle Lehrmethode empfiehlt, nicht unbedingt aushält? Ich mußte der Sache auf den Grund gehen, wollte ich meinen inneren Frieden mit dem Tennisspiel wiederfinden.

Die von mir gestellten Fragen lauteten etwa wie folgt: Spielen die Besten anderes Tennis als jenes, das weltweit gelehrt wird? Bestätigen die Ausnahmen, also die Besten, die Regel? Kann der normale Tennissterbliche vom Tennis der Besten – falls es dieses wirklich gibt – unmittelbar profitieren?

Aus der zusammenfassenden Antwort auf diese Fragen ergab sich die Begründung und in einem gewissen Sinne sogar die Notwendigkeit, dieses Buch anzugehen. Dazu kommt die inzwischen wissenschaftlich abgesicherte Erkenntnis, daß durch Beobachten, Analysieren, Überlegen und schließlich bewußtes Üben und Ändern schnellere und profundere Fortschritte gemacht werden, als dies durch das körperlich-mechanische Training allein möglich wäre.

Das Buch soll Sie also zum *Nachdenken anregen,* zum *Nachahmen animieren* und die diesbezüglich notwendigen theoretischen Grundlagen dafür liefern, daß auch Sie bald dazu in der Lage sind, Tennis wie die Besten zu spielen.

Peter Scholl

Inhalt

13 Technik

5 **Vorwort**

9 **Einleitung**

14 **Ball ansehen**

16 **Beinarbeit**

Das In-die-Knie-Gehen 16 · Die Lauftechnik 18 · Das In-Schlagposition-Gehen 20

23 **Griffhaltung**

24 **Bereitschaftsstellung an der Grundlinie**

26 **Grundlinienschlag**

Ausholen – Verzögern – Schlagen 27 · Der Treffpunkt 28 · Das Ausholen 32 · Das Schwingen zum Treffpunkt 35 · Das Ausschwingen 38

42 **Flugball**

45 **Schmetterball**

47 **Aufschlagen**

Das Ritual 47 · Der Wurf 48 · Die Bogenspannung 51 · Der Sprung danach 52

53 **Return**

59 Technik und Taktik

60 **Schlagabsicht**

Länge und Tempo der Grundlinienschläge 60 · Die Richtung der Grundlinienschläge 63

67 **Spiel ohne Ball**

An der Grundlinie 67 · Am Netz 71

75 **Spezielle Angriffssituationen**

Das Angreifen mit dem Aufschlag 75 · Der Netzangriff aus dem Mittelfeld 78 · Der Vorhandangriff aus der Rückhandecke 80

Inhalt

83 Taktik und Psyche

84 Generelle Einstellung der Besten

Wie sich die Besten einsetzen 84 · Das positive Denken 86 · Die richtige Einstellung zum Fehler 88 · Der richtige Umgang mit der Niederlage 90

92 Zielsetzung der Besten

Wie die Besten trainieren 92 ·

Die Matchvorbereitung 94 · Das Einschlagen 96 · Der Umgang mit der Zeit 98 · Die »Big Points« 100

102 Verhalten der Besten in besonderen Situationen

111 Schlußbemerkung

Einleitung

Daß die Besten einiges anders machen als die Durchschnittsspieler, ist einleuchtend. Sonst wären sie nicht die Besten. Aber was? Ist es ihre ausgefeiltere Schlagtechnik, ihre vielseitigere Taktik, ihre erstklassige körperliche Verfassung? Oder »lediglich« ihre psychische Stabilität, ihre profihafte Einstellung? Sicherlich von jedem etwas, aber vor allem haben sie für sich das Erfolgreich-Sein zur Maxime erhoben. Die Basis muß die Freude am Tennis sein – klar, aber das Siegen ist für die Besten wichtiger als das nicht zu verachtende Lustgefühl eines besonders gelungenen Schlages. Diesem Erfolgsstreben opfert der Gute im Zweifel Spieleleganz, Schlagtempo, Variation u. ä., spielt also – und genau das wird allzuoft übersehen – wenn's nicht läuft, ebenso eintönig, simpel, ja beinah langweilig wie Sie und ich es (gelegentlich) auch tun.

Auch die Besten kochen nur mit Wasser, mit dem gleichen Wasser wie ihre Vorgänger seit vielen Jahrzehnten. Allzu Wesentliches hat sich nämlich innerhalb der letzten Zeit nicht verändert, denn weder der Topspin, noch das Aufschlag-Volley-Spiel oder das Springen bei besonders dynamischen Schlägen sind Erfindungen unserer Tage. Stark verbessert dagegen wurde das Material. Einige Regeln sind geändert worden, und ganz wichtig – Tennis hat seinen elitären Touch verloren! Neu ist vielleicht auch der Vorhandschuß aus der Rückhandecke. Und neu für mich ist die Erkenntnis, daß zwar einerseits eigentlich alles, was mit Tennis im Zusammenhang steht, schon besprochen und beschrieben wurde – in Hunderten von Büchern, daß andererseits dies nicht mit den wesentlichen und richtigen Akzenten geschehen ist. Nicht der Schlag, wie er im Lehrbuch beschrieben wird, ist also falsch oder altmodisch, sondern die Besten setzen innerhalb ihrer Bewegungsabläufe meistens andere Schwerpunkte als es Spieler tun, wenn sie der traditionellen Lehrbuchbeschreibung folgen. Und diese anderen Schwerpunkte setzen alle Guten, nicht nur einzelne, und sie erreichen damit eine deutliche Verbesserung ihrer Schlag-Kontrolle und somit ihrer Spielstärke.

Trotzdem kann niemand mit Gewalt gut spielen! Auch die Besten nicht. Nur diese akzeptieren es (meistens) und richten sich danach. Das bezieht sich sowohl auf das Funktionieren eines bestimmten Schlages, als auch auf das persönliche Sich-in-Form-Fühlen. Sie geben sich – schweren Herzens natürlich – damit zufrieden, nur hin und wieder optimal zu spielen, höchstens in 20% ihrer Matches. Und das, obwohl sie sehr hart an sich arbeiten, täglich trainieren, mit Videokameras ihre Schwachstellen analysieren, mit dem Trainer versuchen, ihre Stärken zu festigen. Denn für die Besten gelten die gleichen biomechanischen, physikalischen oder anatomischen Gesetze, wie für jeden anderen. Sie werden ebenso müde, nervös oder übermütig wie wir. Und genau wie wir machen sie als Folge dumme und unnötige Fehler. Aber sie sind gefeit, wissen mit den entsprechenden Situationen fertig zu werden, haben durch bittere Niederlagen gelernt, wie die verschiedenen technischen, taktischen und psychischen Schwierigkeiten zu meistern sind.

Aus ihrer Erfahrung und Kenntnis wollen wir lernen.
Natürlich kann man nicht jeden über den gleichen Kamm scheren, denn genau wie die Menschen in Größe, Typ oder Charakter verschieden sind, sind auch die Fähigkeiten der einzelnen Spieler unterschiedlich. Das gilt für die Guten und die anderen gleichermaßen und bedeutet, daß der eine dort seine liebe Not hat, wo der andere keinerlei Schwierigkeiten sieht. Jeder Akteur hat demnach einerseits seinen Paradeschlag, andererseits seinen neuralgischen Punkt. Das macht das Spiel variabel, den Wettkampf interessant, den Tennissport so reizvoll. Einige der hier bearbeiteten Themen können Sie also locker überfliegen oder sogar genüßlich lesen und dabei das empfinden, was man als Schüler fühlt, wenn man im Zeugnis seine guten Zensuren studiert.
Andere Kapitel werden in aller Deutlichkeit das aufzeigen, womit Sie schon immer ihre Sorgen hatten. Und genau dafür sind sie geschrieben.

Der Schlag, der ihn berühmt gemacht hat: Boris Becker bei seinem dynamischen Aufschlag.

Zugegeben: Man kann einen Klasse-Mann nicht einfach kopieren, egal wie talentiert man ist, wie intensiv man dies probiert. Für bestimmte Weltklasse-Techniken müssen nun einmal Voraussetzungen gegeben sein, die nur wenige Normal-Tennisspieler haben. Ein roboterähnliches Wesen mit Beckers Aufschlag, Edbergs Flugball und Grafs Vorhand wird deshalb nie existieren! Aber es gibt eine ganze Reihe unterschiedlicher Ansatzmöglichkeiten, sich den Besten anzugleichen.

Spielstärke ist ein Mosaik aus vielen, vielen körperlichen (Technik und Fitneß) und mentalen (Psyche und Taktik) Fertigkeiten. Und da der Unterschied zwischen Sieger und Besiegten bei einem mit 7:6 im dritten Satz gewonnenen Match etwa $\frac{1}{4}$ Prozent ausmacht – ein Wettkampf dieser Art hat ca. 400 Ballkontakte pro Spieler –, lohnt es sich bestimmt, sich mit dem einen oder anderen der hier aufbereiteten Themen ernsthaft auseinanderzusetzen, gedanklich und natürlich beim Training. Sie werden staunen, wie gut Sie danach spielen.

»Tennis ist toll« setzt sich mit drei Hauptthemen auseinander.

Technik
Die technischen Fertigkeiten der Besten, die meist unter starkem Zeitdruck und deshalb eher routinemäßig ablaufen, werden detailliert untersucht.

Technik und Taktik
Das Verhalten der Besten im technisch-taktischen Sinn zur Bewältigung bestimmter Match-Situationen wird erläutert.

Taktik und Psyche
Das Verhalten der Normal-Spieler wird beobachtet in z. T. extremen Streß-Situationen, meist hervorgerufen durch eigene spielerische Unzulänglichkeit und/oder scheinbarer Überlegenheit des Gegners und mit dem Verhalten der Besten verglichen.

Wer sind die Besten?
Die Spieler und Spielerinnen, die in der Weltrangliste ganz vorne geführt werden bzw. wurden. Daß dabei hauptsächlich von Becker, Lendl, Edberg, Agassi sowie Graf, Sabatini, Seles und Navratilova die Rede sein wird, ist naheliegend: Sie sind nun mal die Besten.

Wer sind die anderen?
Jeder, der besser werden will, Hobbyspieler oder Jungprofi, so z. B. alle in Clubmannschaften spielenden Akteure. Nicht jedoch Beginner bzw. Anfänger!

Was heißt besser machen?
Drei Möglichkeiten sind wahrscheinlich:
- Die Besten agieren wie die anderen, aber: bewußter, konzentrierter, energischer.
- Die Besten agieren nur oberflächlich betrachtet wie die anderen; wer genauer hinsieht, stellt Unterschiede fest. Diese Unterschiede führen zu konsequenten und effektiveren Schlägen.
- Die Besten agieren deutlich sichtbar anders.

Und so werden die einzelnen Themen bearbeitet:
Das Verhalten der Besten und der anderen Spieler in der *gleichen* Situation wird geschildert und miteinander verglichen. Das gute Ergebnis der Besten wird als Begründung für richtiges Verhalten akzeptiert.
Die sich daraus ergebende Konsequenz wird als Richtlinie für die anderen empfohlen. Trainingshilfen zeigen den Weg, um zum guten Spieler aufzusteigen.

TECHNIK

> »Technik ist die Anstrengung, Anstrengungen zu vermeiden«
> (Ortega y Gasset).

Natürlich wissen wir alle, daß Tennis-Technik nicht um ihrer selbst willen demonstriert wird. Sie ist für jeden, der Erfolg haben will, Mittel zum Zweck, hat sich dem Ziel, ein Spiel oder einen Satz zu gewinnen, unterzuordnen. Aber genau so gut wissen wir auch, daß ohne Technik nichts geht. Sie ist die Voraussetzung zum guten Schlag, zum guten Spiel. Daß sie sich im Lauf der Zeit etwas verändert (ohne die ihr eigene Charakteristik zu verlieren), hängt damit zusammen, daß immer wieder andere Schläge und deren technische Merkmale im Vordergrund stehen, unterschiedliche Spielerpersönlichkeiten die Tennisszene beherrschen: Aufschlag- und Flugballspezialisten wie McEnroe, Verteidigungskünstler wie Borg oder Alleskönner wie Becker. Und demjenigen, der etwas besser kann, der beispielsweise eine sehr gute Vorhand schlägt, dem schaut man auch genau auf die Finger – und man vergleicht.

Wie unterscheiden sich die Besten von den anderen? Und wie die Besten untereinander? Unterscheiden sie sich überhaupt? Im Detail bestimmt. Aber alle haben einen überdurchschnittlichen Vorhandschlag, um beim Beispiel zu bleiben. Alle ziehen optimal durch, alle übertragen so auf den Ball jenes Tempo, das der Durchschnittsspieler nicht zu Wege bringt; d. h., eigentlich stimmt das nicht. Er kann es schon, aber er kann es nicht kontrollieren – und darauf kommt es an. Spielstärke hängt nicht vom »Sonntagsschuß«, sondern vom »Durchschnittsball« ab.

Wieso können nun die guten Spieler diesen Durchschnittsball schneller **und** kontrollierter spielen als die anderen?
Wer bei einem Match zusieht, verfolgt in erster Linie den Ball. Die technischen Feinheiten, die die Qualität eines Schlages ausmachen, fallen kaum auf. Nur wenn man sich auf eine bestimmte Einzelheit des Schlagablaufs konzentriert, kann man ungefähr erkennen, was ein Spieler tut. Ungefähr, wohlbemerkt, denn unser Auge ist überfordert, wenn es spezielle Ausschnitte extrem schneller Bewegungsabläufe fixieren soll. Erst die Superzeitlupe klärt über bestimmte Details auf und hat oft genug schon – auch zur großen Überraschung der Experten – völlig andere Ergebnisse gebracht, als jene, die nach der allgemein gültigen Lehrmeinung zu erwarten gewesen wären.

> Die guten Spieler sind nicht deshalb so gut, weil sie so schnell spielen, sondern sie können so schnell spielen, weil sie so gut sind. Das ist nicht das gleiche!
> Wir werden es sehen.

Ball ansehen

Es ist gar nicht so leicht, den Ball regelmäßig sauber zu treffen. Immer wieder fühlen und hören wir, daß er nicht am idealen Punkt der Schlägerfläche (Sweet-Spot) getroffen wurde. Aber nur dort entfaltet die Besaitung ihre höchste Elastizität, wird der Kraftaufwand am besten in Tempo bzw. Kontrolle umgewandelt.

Der gute Spieler weiß, daß er den Ball nur in dem Augenblick beeinflussen kann, in dem er ihn trifft. Damit dies »richtig« geschieht, versucht er im Moment des Ballkontaktes das Auge auf diesen Treffpunkt zu richten. Er tut dies, obwohl ihm vielleicht bekannt ist, daß das menschliche Auge lediglich ca. 16 Bilder pro Sekunde auflöst: In einer 16tel Sekunde aber legt ein ca. 80 km/h schneller Ball ca. 1,40 m zurück. D.h., wenn man den Ball zuletzt ca. 50 cm vor dem Schläger sah, kommt er erst wieder ins Bild, wenn er bereits auf dem Rückweg zum Gegner ist.

Warum trotzdem die immer wiederkehrende Aufforderung »Ball ansehen«? Weil ein Nicht-Hinsehen die Ballkontrolle verschlechtert, ja sogar die Reichweite verkürzt! Warum, wird gleich beschrieben.

Die Ursache für zu frühes Wegsehen ist meistens die Neugier. Der Spieler will sofort sehen, ob der Ball auch dahin fliegt, wohin er fliegen sollte. Die Augen wenden sich zu früh vom voraussichtlichen Treffpunkt ab. Da sie dies nicht alleine tun, sich vielmehr der Kopf mitdreht, und mit dem Kopf sich auch der Oberkörper bewegt, der wiederum den Arm und die schlägerhaltende Hand beeinflußt, löst der voreilige Blick zum Schlagziel jene Kettenreaktion aus, an deren Ende das Wegziehen der Schlägermitte um ein paar Zentimeter vom optimalen Treffpunkt steht: Der Ball wird schlecht getroffen.

Genau genommen ist es also gar nicht das zu frühe Wegschauen, d.h. das neugierige Auge, das uns den Ball nicht sauber treffen läßt, sondern das ursächlich damit gekoppelte Wegdrehen des Kopfes während der Schlagbewegung.

Wie alle guten Spieler schaut auch Pete Sampras, der US-Open-Sieger 1990, jeden Ball exakt an. Nur so kann er Präzision und Geschwindigkeit auf seine Schläge übertragen, das Geheimnis seines Erfolges.

In schwierigen Situationen – wenn der Ball gerade noch erreicht wird (beim Flugball, Smash oder beim Laufen) – führt dieses zu frühe Wegschauen (Wegdrehen) dazu, daß der Ball eben nicht mehr den notwendigen Schwung bekommt, den er benötigen würde, um einwandfrei übers Netz zu fliegen. Wegschauen kann demnach auch die Reichweite verkürzen.

Also: Wenn Sie diese fatale Kettenreaktion (wegsehen, Kopf wegdrehen, Arm und Schläger wegziehen) vermeiden wollen, müssen Sie zuerst Ihre Neugier besiegen. Denn sie ist für viele schlecht getroffene Bälle verantwortlich und nicht etwa die mangelhafte Technik, wie man oft meint.

In der Praxis hat man jedoch damit Schwierigkeiten, weil in extremen Situationen instinktiv gehandelt wird und dabei die ebenfalls im Unterbewußtsein latent vorhandene Neugier nicht immer ausgeschaltet werden kann.

Wenn Sie Schwierigkeiten damit haben, den Ball genau zu treffen, können Sie es einmal auch so versuchen, wie es Chris Evert gemacht hat, eine der erfolgreichsten Spielerinnen aller Zeiten: Ihr Auge begleitete den heranfliegenden Ball exakt bis dahin, wo sie ihn traf. Obwohl sie dieses Treffen auch nur fühlte und nicht »sah«, hatte sie den Blick noch auf den Treffpunkt gerichtet, wenn der Schlag bereits beendet, der Ball längst zum Gegner unterwegs war. Sie tat das, obgleich man doch sicherlich behaupten kann, daß sie, wie alle guten Spieler, fast ohne hinzusehen gewußt hätte, wo sie den entgegenkommenden Ball treffen muß. Und daß sie aufgrund ihres Könnens und ihrer Erfahrung auch in der Lage gewesen wäre, die Schlägerfläche im richtigen Augenblick dorthin zu bringen, sollte man annehmen. Aber sie wollte eben den Ball nicht nur treffen, sondern ganz gezielt dahin spielen, wo es dem Gegner am meisten weh tut. Deshalb versuchte sie, jedes vermeidbare Risiko auszuschalten (wegdrehen während des Ballkontaktes), was ihr die optimale Schlagkontrolle garantierte.

Also, machen wir's den Besten nach!

Sehen Sie den Ball sorgfältig an. Erst wenn Sie den Ballkontakt »gespürt« haben, dürfen Sie hinterherschauen. Probieren Sie es aus. Schon sehr bald werden Sie nicht nur den Schlag viel bewußter erleben, sondern es exakt erfühlen können, wenn der Ball optimal auf die Schlägerfläche getroffen ist. Dieses gute Feeling, das Sie für jeden Ballkontakt anstreben sollten, wird Ihrem Tennis mehr Sicherheit, dem einzelnen Schlag mehr Druck verleihen.

Stefan Edberg fixiert den Ball. So wird er ihn auch in extremen Situationen sauber treffen.

Beinarbeit

Das In-die-Knie-Gehen

Tennis ist ein Bewegungs-Sport. Wer nicht schnell zum Tatort laufen kann, um dort rechtzeitig und gut ausbalanciert in Stellung zu gehen, hat kaum eine Chance, einen korrekten und wirkungsvollen Schlag durchzuführen, weder an der Grundlinie, noch am Netz.

Besonders wichtig in diesem Zusammenhang sind die Kniegelenke oder richtiger, das Beugen der Knie, ohne das gute und effektive Beinarbeit nicht möglich wäre. Unzählige Spieler können ein Lied davon singen; waren und sind es doch immer wieder die steifen Beine, die einem Erfolg im wahrsten Sinne des Wortes im Wege stehen.

An der Grundlinie

Was passiert eigentlich so Schlimmes, wenn man einen Grundlinien-Schlag mit durchgedrückten Knien ausführt?

Wenn ein Ball in normaler Höhe ohne Hast geschlagen werden kann, ist meist ein lockerer Schwung auch mit gestreckten Beinen möglich. Ist der Spieler jedoch gezwungen, schnell zum Ball zu laufen, könnte er, selbst wenn er z. B. die korrekte Seitstellung zu seiner Rückhand eingenommen hätte, einen effektiven Schlag »gegen« sein steifes, rechtes Bein kaum ausführen: Dieses würde entweder wie ein Keil wirken, der das optimale »In-den-Schlag-Gehen« behindert, d. h. das Körpergewicht nach hinten drückt. Oder es würde, wenn beide Beine enger zusammenstehen, das Drehen um die Längsachse einleiten (Pirouetten-Effekt).

Probleme gäbe es auch bei tiefer zu treffenden Bällen: Der Spieler müßte sich über seine steifen Beine zum Treffpunkt hin »vorbeugen« (Hüftknick), was unweigerlich zu unsauberen Schlägen und zu vermeidbaren Fehlern führt.

So geht man in die Knie wie Jimmy Connors.

Auf seinem »Weg« zum Wimbledon-Sieg: Boris Becker.

In allen Fällen verursachen die steifen Beine also Balanceprobleme, die den flüssigen Schlagablauf stark beeinflussen.

Der engagierte Spieler hat demnach eine Reihe guter Gründe, die ihn »in die Knie zwingen«, sowohl in der Bereitschaftsstellung sowie beim Laufen zum Ball als auch beim Schlag selbst:

- Er kann unterschiedliche Treffpunkthöhen ausgleichen;
  d. h., er kann – wie es der retournierende Conners vorbildlich demonstriert – auch sehr flach wegspringende Bälle mit der gleichen Schwungbewegung durchführen, ohne Korrekturen mit Arm- oder Handgelenk vornehmen zu müssen.
- Er kann früher starten; jeder muß, bevor er losrennt, in die Knie runter. Mit steifen Beinen kann niemand starten.
- Er kann schneller starten;
  bei Becker z. B. können wir immer wieder beobachten, wie die gebeugten Knie ursächlich dafür sorgen, daß der ganze Körper sich sofort in Bewegung setzen kann. Ohne energische Mitarbeit, auch seines Oberkörpers (speziell der Arme), wäre sein explosiver Start nicht möglich.
- Er kann das gefährliche Von-oben-nach-unten-Schlagen einschränken. Vor allem die sehr offensiven Spieler erliegen allzugerne dieser Versuchung, deren Ursache auch psychologisch begründet ist: Ist es nicht logisch, daß man, wenn man sich »größer« fühlt (steife Beine), fast unbewußt zu einer Schlagbewegung nach unten tendiert? Oder umgekehrt: Kann man sich vorstellen, daß ein Akteur, der tief unten in den Knien ist, seinen Schlag irgendwohin anders ausschwingen läßt als nach oben?

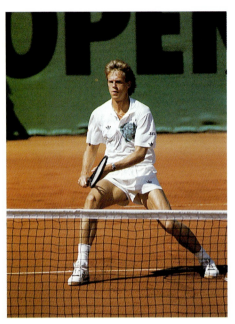

Vorbildlich unten und bestens ausbalanciert – absolute Grundvoraussetzung zum erfolgreichen Volley – ist Stefan Edberg, der schwedische Flugball-Spezialist, optimal gerüstet, um nach links oder rechts dem nächsten Passierball entgegen zu springen.

Am Netz

Natürlich spielt auch am Netz das In-die-Knie-Gehen eine wichtige Rolle. Nur wer sich nach links oder rechts energisch abstoßen kann, hat eine Chance, den Passierschlag mit einem aggressiven Flugball abzuwehren. Abstoßen mit steifen Beinen ist aber nicht möglich. Volley-Spezialisten wie Cash oder Edberg sind immer tief unten in den Knien, wenn sie am Netz auf den Ball des Gegners lauern. So sind sie stets zum Sprung bereit, die wichtigste Voraussetzung zum erfolgreichen Flugball. Auch nach dem Volley bleiben ihre Knie gebeugt: Das Feld muß gegen den möglichen zweiten Passierballversuch des Gegners erneut abgedeckt werden. Erst wenn der Punkt entschieden ist, richten sie sich wieder auf. Erst dann!

Also, machen wir's den Besten nach!
Rauf auf den Tennisplatz – runter in die Knie! An der Grundlinie oder am Netz. Immer und zu jedem Ball, wenn er nicht in oder über Kopfhöhe getroffen werden soll. Eine bessere Voraussetzung zum optimalen Schlag gibt es nicht. Das bewußte Sich-in-den-Knien-Bewegen wird sehr bald zu Ihrer zweiten Natur werden. Und Sie werden schnell deutlich Fortschritte Ihrer Beinarbeit spüren.

Die Lauftechnik

Grundsätzlich muß unterschieden werden, ob man mit maximaler Geschwindigkeit loszulaufen gezwungen wird, oder »lediglich« nach links oder rechts zu einem ruhigen Grundlinienschlag unterwegs ist.

Normales Lauftempo

Wenn es sich darum handelt, zu einer normalen Vorhand z.B. in Schlagstellung zu gehen, machen die Besten dies mit den allerorts bekannten »Side-Steps« (Shuffle). Besonders gut beherrscht dies Steffi Graf, der nicht umsonst nachgesagt wird, daß sie über die beste Beinarbeit aller Tennisspielerinnen verfügt. Sie bewegt sich gewissermaßen hüpfend (Oberkörper frontal zum Netz) seitlich. Erst beim voraussichtlichen Schlagort angekommen, nimmt sie die zur Vor- oder Rückhand notwendige Seitstellung ein. Nach dem Schlag »hüpft« sie wieder zur Grundlinien-Bereitschaftsstellung zurück. Nur wenn sie es sehr eilig hat, leitet sie diese Side-Steps gelegentlich mit einem Kreuzausfallschritt ein, so als wolle sie zur Mitte der Grundlinie zurücksprinten. Der zweite Schritt ist aber bereits wieder ein Side-Step. Daß andere diesen »Turbo-Start« auch beherrschen, demonstriert Mats Wilander hervorragend.

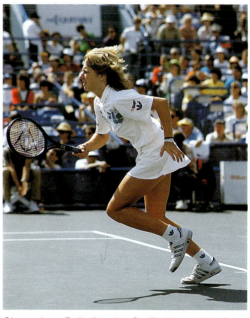

Mats Wilander spurtet zur Mitte der Grundlinie.   Ob es einen Ball gibt, den Steffi nicht erreicht?

Hohes Lauftempo

Zu einem Stop oder einem extrem schnellen Ball in die Ecke oder von dort zurück, rennt man (frontal) so schnell man kann, wie es uns Graf so exzellent vormacht: im Sprint.

Viele Spieler haben damit ihre Schwierigkeiten. Vor allem mit einem ersten, zu großen Startschritt verbauen sie sich die Möglichkeit, sofort mit hohem Tempo lossprinten zu können.

Dazu ein Tip: Setzen Sie – von der Bereitschaftsstellung ausgehend – bei einem Start nach vorne die ersten beiden Schritte in die entgegengesetzte Richtung! Auf diese Weise »fällt« ihr Körper in eine Schräglage vorwärts: Jetzt können Sie optimal losspurten.

Ähnlich sollten Sie sich beim Start zum Ball in die Platzecke verhalten (siehe Grafik).

Ausgehend von der Bereitschaftsstellung starten Sie z.B. zur Vorhand, indem Sie den rechten Fuß etwas zurück und nach links nehmen, ihn dabei nach rechts drehen und hinter den linken Fuß setzen: Der rechte Fuß geht Ihrem linken gewissermaßen aus dem Weg. Der linke Fuß dreht sich dabei gleichzeitig in Laufrichtung. Dadurch wird auch Ihr Körper nach rechts und in Schräglage gedreht. Jetzt macht Ihr linker Fuß den ersten Schritt in die gewünschte Laufrichtung. In diesem Zusammenhang

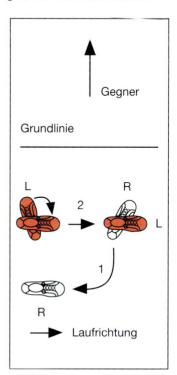

noch ein Wort zur Schrittlänge. Klein, so hört man allerorts, sollten die Schritte zum Ball hin sein, aber klein ist relativ. Bewegen Sie sich deshalb so natürlich wie möglich, denn die Schrittlänge ist abhängig von der Körpergröße, bis zu einem gewissen Grad sogar vom Temperament, d.h. also individuell verschieden.

Ganz besondere Bedeutung kommt dabei den Startschritten zu, genaugenommen dem allerersten. Fällt dieser nämlich zu groß aus, besteht die Gefahr, die einem Ausfallschritt anhaftet: Der Akteur kommt nur schwer wieder aus seiner »Spreizstellung« heraus. Kleinere, schnelle, spritzige Startschritte sind deshalb den größeren vorzuziehen. Beachten Sie einmal Edberg, wenn er mit dem Service zum Netz läuft. Die ersten beiden Schritte setzt er dicht hintereinander, die nächsten werden länger, bevor er in die Drehscheibenposition springt. Besser als der Schwede kann das keiner! (Siehe Bild S. 75)

Also, machen wir's den Besten nach!

Probieren Sie einmal so zu spurten, wie es Graf, Edberg oder Vilas uns vormachen. Vor allem das explosive Starten zum Stop oder in eine Platzecke sollten Sie üben. Ihr Partner am Netz spielt Ihnen die entsprechenden Bälle zu, die Sie aus der Bereitschaftsstellung heraus zu erreichen versuchen. Was in der Beschreibung etwas kompliziert klingt oder aussieht (Grafik), ist ganz einfach. Wer es ein paarmal probiert hat, hat's schon kapiert. Zugegeben, der Zeitgewinn beträgt nur ein paar hundertstel Sekunden gegenüber dem herkömmlichen Start. Wenn Sie aber auf diese Weise pro Match nur einen Ball mehr erreichen können, hat sich die Umstellung schon gelohnt.

Das In-Schlagposition-Gehen

Es ist nicht damit getan, zum Ball hinzustürzen, er muß ja auch noch sauber geschlagen werden. Die Beinarbeit verliert also in Ballnähe nichts an Bedeutung. Im Gegenteil. Unmittelbar vor dem Erreichen des »Tatortes« muß der Spieler, wenn die Situation es ihm erlaubt, die entscheidende Voraussetzung zum erfolgreichen Schlag schaffen: Er stoppt ab, um letzte Schrittkorrekturen durchzuführen.

Gerade diese Feinabstimmung macht oft große Schwierigkeiten, paradoxerweise vor allem dann, wenn der Spieler eigentlich genug Zeit zur Verfügung hat. Er unterschätzt die Situation, oder es ist ihm gar nicht bewußt, daß er mit ein paar zusätzlichen kleinen Schritten in bester Schlagposition stehen könnte. Nicht optimal postiert, ist er dann

Jimmy Connors, die amerikanische Tennis-Legende, bei einem seiner typischen, aggressiven Grundlinien-Schläge, mit denen er fast ein Jahrzehnt seine Gegner von Platzecke zu Platzecke gehetzt hat.

gezwungen, mit Handgelenk, Körperdrehung u. ä. zu retten, was noch zu retten ist. Im schlimmsten Fall »schiebt« oder »drischt« er seinen Schlag, statt kontrolliert zu schwingen.

Auch die Besten kennen diese Schwierigkeiten. Sie nützen deshalb jede sich bietende Möglichkeit – gerade wenn sie Zeit genug dazu haben! –, um die optimale Schlagposition einzunehmen.
Jimmy Connors und Björn Borg, beides Spielerpersönlichkeiten, die eine ganze Epoche prägten, die ihre Wimbledon-Siege nicht zuletzt ihrer außergewöhnlichen Fähigkeit, sich zum Ball zu stellen, zu verdanken haben, sind auf diesem Sektor leuchtendes Vorbild, auch für die heutigen Stars.

Diese wie jene warten nicht darauf, bis der Ball auf sie zugekommen ist. Sie gehen ihm bewußt entgegen, mit kleinsten Zwischenschritten (meist Sidesteps in Schlagrichtung), zum Teil hüpfend, wie ein nicht zur Ruhe kommender Hartgummiball. Immer wieder tun sie das, wenn der Gegner es ihnen ermöglicht, nicht nur gelegentlich, wenn sie einen Punkt brauchen.

Mit dieser Feinabstimmung verschaffen sie sich die beste Voraussetzung zur Vor- oder Rückhand, die sie so sicherer oder schneller und/oder genauer schlagen können, als wenn sie sich weniger präzise zum Ball stellen würden. Dafür strengen sie sich an, obwohl man doch ohne zu übertreiben behaupten kann, daß Akteuren ihrer Klasse auch gute Schläge gelingen werden, wenn sie sich nur mit den vielerorts üblichen »Sparschritten« in Stellung begeben würden.
Unmittelbar vor dem endgültigen In-Stellung-Gehen (Seitstellung!), vorbildlich eingeleitet durch die Oberkörper-Drehung, d. h. die Ausholbewegung, machen sie einen allerletzten Schritt, der meist etwas größer als die vorausgegangenen ausfällt. Jimmy Connors beherrschte diesen letzten Schritt wie kaum ein anderer.
Er legt das Gewicht auf den vorderen Fuß, schiebt es also dem Ball entgegen und zieht (zum Teil gleichzeitig) den Schlag energisch durch. Danach – und nicht während des Schlages! – hüpft, springt, läuft er wieder in die Bereitschaftsstellung zurück und wartet auf den nächsten Ball des Gegners.
Besonders wichtig wird dieses Sich-in-Stellung-Begeben auch bei langen Bällen, die genau auf einen zukommen. Der gute Spieler entscheidet blitzschnell, ob er mit Rück- oder Vorhand zuschlägt. Dann weicht er zur Seite *und* gleichzeitig nach hinten aus, geht dem Ball wieder ein, zwei Schritte entgegen – auch ins Feld hinein, wenn nötig, wichtig! – und schlägt zu.
Die anderen Spieler dagegen unterschätzen diese Situation. Sie gehen zwar zurück, aber nicht weit genug zur Seite. Und der letzte Schritt nach vorne fehlt meist ganz. Das lockere Durchschwingen ist kaum möglich, der Fehler ist vorprogrammiert.

Vielleicht noch ein Wort zum »*Rutschen*« (auf Sand). Einige Spieler tun es fast immer, einige nie. Ist es also nachahmenswert? Sandplatz-Spezialisten sind – so scheint es – ständig am Rutschen. Sie stoppen so ihren Lauf zum Ball. Wenn man aber genauer hinsieht, handelt es sich um ein »In-Schlagstellung-Rutschen«, das sich nur auf den letzten Schritt bezieht, der, abhängig von der Laufgeschwindigkeit des Spielers, eine Rutschspur von ca. 10 bis 50 cm hinterläßt.
Zweierlei erreicht der Spieler dadurch:
Er verlegt sein Körpergewicht mit der Rutschbewegung auf den vorderen Fuß und sorgt gleichzeitig dabei für garantiert gebeugte Knie! Rutschen (anhalten) mit steifen Beinen geht nicht, will man sich dabei nicht die Beine brechen.

Also, machen wir's den Besten nach!
Tapsen Sie nicht einfach nur »so« zum Ball hin. Gehen Sie unbedingt dem Ball entgegen und verwenden Sie vor dem endgültigen In-Stellung-Gehen kleine Zwischenschritte. Und/oder rutschen Sie, wenn Sie sich dabei wohl fühlen. Üben Sie dieses In-Stellung-Gehen. Lassen Sie sich vom Netz aus Bälle aus der Hand zuspielen (Ballkorb). Sie haben so die ideale Möglichkeit, Rutschen und Zwischenschritte auszuprobieren. Bei diesen Zwischenschritten, die ja fast immer unter Zeitdruck gemacht werden, sind logischerweise stets beide Beine (Füße) beteiligt, so daß es sich eigentlich meist um Zwischensprünge handelt (Sidesteps). Sprung oder Schritt – es macht Spaß sie zu trainieren. Und Mühe. Aber es soll ja auch etwas dabei herauskommen.

Wichtig: Gute Beinarbeit ist die Voraussetzung zum erfolgreichen Tennis. Zugegeben, es ist recht anstrengend, sich ständig in Bewegung zu halten, zum Ball hinzulaufen, die korrekte Schlagstellung einzunehmen und das alles mit gebeugten Knien. Eine gewisse körperliche Fitneß ist demnach wiederum Voraussetzung zur erfolgreichen Beinarbeit. Vielleicht liegt es also gar nicht am mangelnden Talent oder technischem Unvermögen, wenn man zu häufig schlecht zum Ball steht. Vielleicht wäre deshalb jetzt der geeignete Zeitpunkt, sich in Form zu bringen. Eine Stunde pro Woche Konditions- bzw. Fitneß-Training, ein gelegentlicher (Wald-)Lauf, können Wunder wirken. Warum probieren Sie es nicht einmal aus? Ein paar Schweißtropfen schaden doch wirklich nicht.

Keiner war besser »zu Fuß« als Björn Borg. Zwölf Grand-Slam-Turniere hat der schwedische »Eisberg« gewonnen. Fünfmal Wimbledon hintereinander und das, obwohl er »eigentlich« nicht vollieren konnte!

Griffhaltung

Wie man sich bettet, so liegt man! Bezogen auf Schlägergriff und schlägerhaltende Hand trifft das beinahe wörtlich zu. Und doch scheint es den wenigsten bewußt zu sein, wie sehr sie mit ihrer Griffhaltung die Qualität ihrer Schläge beeinflussen können. Da die offizielle Lehrmethode für jede Schlagart nur eine »korrekte« Griffhaltung empfiehlt, ist es naheliegend, daß die meisten anfangs versuchen, sich an den Vorhand- und den Rückhandgriff zu halten, den man ihnen irgendwann einmal gezeigt oder gelehrt hat.

Genauso hat auch der gute Spieler begonnen, nur hört er nie ganz auf, auszuprobieren, ob nicht doch eine kleine Drehung des Griffes nach links oder rechts seinen Schlag sicherer und wirkungsvoller machen könnte. So wundert es auch nicht, wenn er gar zwei Griffhaltungen für den gleichen Schlag verwendet, die er wahlweise einsetzt, abhängig zum Beispiel von der Schlaghöhe oder Schlagabsicht.

Nehmen wir Boris Becker. Wie jeder Turnierspieler ist auch er immer wieder gezwungen, Bälle unterschiedlich hoch zu treffen. Diese Vorhandschläge, die er meist mit mehr oder weniger Vorwärtsdrall durchzieht, sollen einmal höher und langsamer, einmal flacher und schneller übers Netz fliegen. Um diese Absicht optimal durchführen zu können, verändert Becker zum Teil minimal seine Griffhaltung. Ich glaube nicht, daß er das gezielt tut, sondern daß sein durch unzählige Vorhandschläge entsprechend programmiertes Unterbewußtsein für ihn agiert.

Unabhängig davon, wie die Finger sich um das Griffband legen, kann der Schläger lang bzw. kurz angefaßt werden. Während »lang« der Schläger leichter geführt werden kann – Skoff zeigt es hier deutlich –, wird »kurz« der Handgelenkseinsatz geradezu herausgefordert. Spieler, die sich unsicher fühlen, sollten daher auf den *Kurzgriff* weitgehend verzichten.

Etwas anderes dagegen sollte jeder sofort kopieren: das Wechselspiel des Finger- bzw. Handdruckes auf den Schlägergriff. Es schwankt zwischen einem

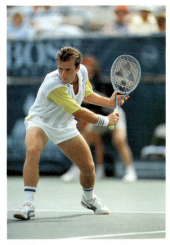

Der Österreicher Horst Skoff hält seinen Schläger extrem »lang«.

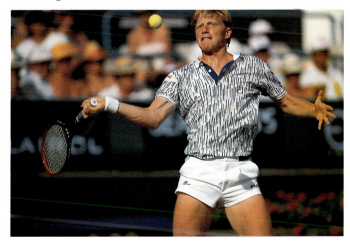

Die Vorhand des dreifachen Wimbledon-Siegers: Eine seiner besten Waffen.

schraubstockähnlichen Zupacken (beim Return gegen einen ersten Aufschlag) und einem kaum spürbaren Festhalten. Es ist in der Tat für viele irritierend, daß der gute Spieler *völlig locker* mit *entspannter* Hand zum Ball schwingt. Aber er hält wirklich seinen Schläger, wie man das Messer beim Mittagessen führt: Erst beim Schneiden des Fleisches (Treffen des Balles) faßt man für Bruchteile von Sekunden etwas fester zu. Nur so können Muskeln, Sehnen und Gelenke von Arm und Hand optimal arbeiten! Durch ständiges Umklammern des Schlägergriffes besteht die Gefahr des Verkrampfens, was oft die Ursache für verpatzte Schläge ist.

Die einzelnen Griffhaltungen haben Vor- und Nachteile. Wenn man sie kennt und ausprobiert hat – im Zweifel kann der Tennislehrer helfen –, sollte man unbedingt versuchen, die Möglichkeiten unterschiedlicher Griffe abzuwägen.

Also, machen wir's den Besten nach!
Haben Sie den Mut, Ihre Griffhaltung zu modifizieren. Um einigermaßen gründlich erproben zu können, ob eine Umstellung tatsächlich sinnvoll ist, müssen Sie allerdings für eine neue Griffhaltung mindestens zwei, drei Wochen einplanen.
Der Übungsplatz wartet. Aber keine Sorge: Das Wechseln vom »normalen« (z. B. für Slice) zum »extremeren« Griff (z. B. für Topspin) ist eine völlig harmlose Übung.
Manche Spieler, wie Lendl mit seiner Rückhand z. B. (s. Seite 28), verändern die Stellung der Schlägerfläche unmittelbar vor dem Zuschlagen auch dadurch, daß sie das Handgelenk mehr öffnen oder schließen, ohne dabei die Griffhaltung als solche zu wechseln.
Sollte sich jedoch herausstellen, daß Sie sich am wohlsten fühlen, wenn Sie – trotz aller seriöser »Experimente« –, für die Vorhand bzw. die Rückhand jeweils nur einen oder gar für alle Schläge den gleichen Griff bevorzugen (z. B. den Mittelgriff), dann sollten Sie natürlich auch dazu stehen.

Bereitschaftsstellung an der Grundlinie

Um die Voraussetzungen zu schaffen, Vor- oder Rückhand an der Grundlinie optimal einsetzen zu können, nehmen die Spieler die sogenannte Bereitschaftsstellung ein. Gemeint ist damit weder eine bestimmte Körperhaltung, noch eine an einen vorgegebenen Ort gebundene Position. Die Haltungen (Bereitschaftsstellungen) der Aktiven variieren daher deutlich. So kann man sie aufrecht oder mehr gebückt, breitbeinig oder engfüßig, statisch oder dynamisch und das vor, auf und weit hinter der Grundlinie beobachten. Positionen und Haltungen werden dabei selten bewußt eingenommen, sie haben sich vielmehr im Laufe der Zeit als praktisch erwiesen und so gesehen als geeignet, den Anforderungen gerecht zu werden.

Gibt es eine ideale Bereitschaftsstellung an der Grundlinie, was machen die Besten? Ziemlich breitbeinig und stets mit leicht gebeugten Knien und Hüften sind sie ständig in Bewegung. Dabei halten sie den Oberkörper eher aufrecht, was nichts mit steif, sondern mit der biomechanisch günstigsten Haltung zu tun hat, aus der heraus sie am einfachsten, schnellsten und ökonomischsten sowohl nach links oder rechts als auch vor oder zurück starten können.

Dieses ständige In-Bewegung-Sein ist eine fortwährende Gewichtsverlagerung von einem Bein auf das andere bzw. eine Gewichtsentlastung durch Hüpfen. Es spielt sich fast ausschließlich auf Zehen und Fußballen ab, ohne daß dabei die Ferse den Boden berührt, was nur möglich ist, wenn der Spieler stets locker in den Knien federt. Hervorragend wird dies von der wieselflinken Monica Seles demonstriert, die um ihre Beinarbeit allerorts beneidet wird.

Die Position, an der die Grundlinien-Bereitschaftsstellung eingenommen wird, zeigen uns auch die Besten. Sie hängt in erster Linie von deren Schlagabsichten ab. Andre Agassi z. B. spielt ausgesprochen offensives Tennis. Sein Ziel ist es, den Gegner mit schnellen Grundlinien-Schlägen ständig unter Druck zu halten und möglichst viele direkte Punkte zu machen. Deshalb versucht er jeden Ball im Steigen zu treffen. Agassis Bereitschaftsstellung befindet sich daher auf, ja eher noch vor der Grundlinie, Wilander dagegen, der, vor allem auf Sand, vorwiegend auf die Fehler des Gegners wartet, also mehr defensiv agiert, dessen Schläge daher auch oft mit viel Topspin versehen sind, wird sich zwischen zwei und fünf Meter hinter der Grundlinie aufstellen.

Spielern, die zunächst ohne bestimmte Schlagabsicht den Ball des Gegners erwarten, bietet sich eine Bereitschaftsstellung ca. 1 m hinter der Grundlinie an. Alle normalen Grundlinienschläge können dort gut ausgeführt werden. Von da aus ist der Akteur auch am besten in der Lage, sowohl die kürzer gespielten Bälle des Gegners zu erreichen, als auch zwei, drei Schritte zurückzuweichen, um den lang zur Grundlinie heranfliegenden Ball zu parieren.

Also, machen wir's den Besten nach!
Versuchen Sie grundsätzlich, die optimale Bereitschaftsstellung da einzunehmen, wo Sie am effektivsten agieren können. Probieren Sie es im nächsten Training einmal aus. Ein am Netz postierter Partner mit Ballkorb kann Ihnen jede gewünschte Situation »zuspielen«. Tänzeln Sie dort bewußt oder machen Sie die beschriebenen »Hüpfer«, und Sie werden überrascht feststellen, daß dabei gleichzeitig und automatisch die so störende Steifigkeit der Beine verschwindet. Zugegeben, man muß sich erst daran gewöhnen, sich ständig in Bewegung zu befinden, zumal es auch körperlich einiges fordert. Sie werden jedoch erstaunt sein, wie schnell Sie die eventuell vorhandene Unsicherheit ablegen, wie bald Ihnen die »dynamische« Bereitschaftsstellung zur zweiten Natur wird. Sie wird Ihren Grundlinienschlägen zugute kommen.
(Siehe dazu auch S. 53 »Return«).

Grundlinien-schlag

Zweifellos ist der Vorhand- und Rückhand-Grundlinienschlag die Basis des Tennisspiels. Vom Aufschlag einmal abgesehen, kann ein Match nur mit Vorhand- und Rückhandschlägen bestritten werden. Auf Stop, Lob, Schmetterball, Halbflugball und Volley, also auf all die Schläge, die das Spiel interessant, variabel und attraktiv machen, kann man beinah verzichten – wenn man solide Grundlinienschläge hat und schnell auf den Beinen ist. Kein Wunder also, wenn die Besten einen Großteil ihrer Trainingsarbeit auf das Grundlinienspiel konzentrieren. Rhythmus und Timing heißen jene Begriffe, um deren Perfektion sie ständig bemüht sind, denn diese sind es, die den ruhigen, ökonomischen und effektiven Ablauf ihrer Grundlinienschläge garantieren.

Gute Grundlinienschläge benötigt jeder, der erfolgreich Tennis spielen will. Es lohnt sich daher schon, sich mit ihnen ernsthaft auseinanderzusetzen.

Boris Becker zeigt deutlich, wie er mit schon ausgeholtem Schläger den letzten Schritt dem Ball entgegen macht. So kann er dynamisch und kontrolliert zuschlagen.

Ausholen – Verzögern – Schlagen

Oft hat man den Eindruck, wenn man die Grundlinienschläge schlechter Spieler beobachtet, daß sie mit Bällen, die der Gegner ihnen mit unterschiedlichem Tempo zurückspielt, nicht zurechtkommen. Sie agieren hastig oder zu zögerlich, keinesfalls jedoch so, als ob sie die Situation im Griff haben.

Der gute Spieler dagegen wirkt bei seinen Grundlinienschlägen sicher, ja beinah souverän, obwohl er stets versucht, sie mit vollem Schwung energisch durchzuziehen. Er bedient sich eines Tricks, der ihm ermöglicht, seinen Schwung exakt auf den entgegenkommenden Ball abzustimmen. Dies ist notwendig, denn nur dann, wenn er ohne Hast zuschlägt, kann er den Ball optimal kontrollieren.

Beobachten Sie einmal Becker in dieser Situation! Was macht er? Er holt z. B. zur Rückhand aus, verzögert – was etwa eine Sekunde ausmachen kann – und zieht erst dann voll durch. Dieses Verzögern ist eine der wesentlichen Voraussetzungen, die es Becker ermöglichen, Gewinnschläge mit der Häufigkeit und Präzision durchzuführen, wie es der Wimbledon-Sieger immer wieder demonstriert.

Darüber hinaus kann er so – also mit ausgeholtem Schläger (siehe Bild S. 26) – noch im allerletzten Moment kleinste Korrekturen seiner Schlagposition vornehmen oder den Schlag nach seinen Wünschen variieren, d. h. einmal härter, einmal weicher, einmal cross, einmal longline usw. schlagen.

Ich weiß, daß in vielen Lehrbüchern der Bewegungsablauf eines Grundlinienschlages nur dann als optimal bezeichnet wird, wenn ihm eine kontinuierliche Schwungbewegung zugrunde liegt. Abgebremst, so heißt es, »friert« der Schwung ein, besteht also die Gefahr, daß das Timing, der Rhythmus zerstört werden.

Wenn Sie sich trauen, können Sie diese offensichtlich nicht prinzipiell zutreffende Technik-Maxime widerlegen und Vor- oder Rückhandschläge mit Verzögerung d. h. à la Becker spielen. Aber verwechseln Sie nicht »verzögern« mit »Stillstand«. Davon ist hier nicht die Rede, sondern von jenem Verlangsamen der Schwungbewegung, das von der Ausholphase der Aufschlagbewegung her bereits den meisten bekannt ist: Nach dem Hochwerfen des Balles wird die Ausholbewegung etwas verzögert, bevor die Schlagbewegung beginnt.

Also, machen wir's den Besten nach!

Wann immer es Ihnen vom Ballwechsel her möglich ist, **früh vorbereiten** (ausholen und in Schlagposition gehen), **verzögern** (ganz bewußt) und **zuschlagen.** Und das stets aggressiv und energisch, versteht sich! Natürlich müssen Sie dieses Verzögern üben. Ihr Partner soll Ihnen die Bälle vom Netz aus gleichmäßig, eher langsam zuspielen. Erst wenn Sie sich mit dem Zeitgewinn vor dem Zuschlagen vertraut gemacht haben, sollte das Zuspieltempo variiert werden. So werden Sie sich sehr schnell die Vorteile dieses Verzögerns zunutze machen können.

Um Mißverständnisse zu vermeiden, hier noch ein Hinweis: Das Verzögern zwischen Ausholbewegung und Zuschlagen bezieht sich ausschließlich auf den Bewegungsablauf des Schlagarmes und keinesfalls auf die Beine. Selbst wenn der Ball exakt zugespielt wird, müssen Sie in Bewegung bleiben, und sei es nur mit kleinsten Schritten auf der Stelle, um jeden Stillstand zu vermeiden (siehe dazu »Bereitschaftsstellung« und »Das Ausholen« S. 24 bzw. S. 32).

Der Treffpunkt

Die wenigsten Spieler machen sich wirklich Gedanken darüber, *wo* eigentlich der ideale Treffpunkt ist, jene Stelle also, an der die Energie des lockeren Schwingens am ökonomischsten und effektivsten von der Schlägerfläche auf den Ball übertragen werden kann. Sie akzeptieren, den Ball da zu treffen, wo sie ihn treffen, ohne sich darüber im klaren zu sein, daß das Verlegen des Treffpunktes um ein paar Zentimeter schon genügen kann, den Wirkungsgrad des Schlages erheblich zu verändern.

Die Besten nehmen das genauer: Wenn es eine kontrollierbare Möglichkeit gibt, den Ball schneller, präziser, sicherer zu schlagen (die Betonung liegt auf kontrollierbar), dann wollen sie sie finden!

Wenn man diese Spieler nun beobachtet, hat man grundsätzlich den Eindruck, daß sie die Bälle immer richtig treffen, egal wie weit oben oder unten, früh oder spät sie das tun. Man unterstellt dabei, daß da, wo dies geschieht, auch der »richtige« Treffpunkt ist.
Auf die jeweilige Situation bezogen, stimmt das auch im wesentlichen. Dafür rennen und springen sie, weichen sie zurück, strecken sich vor und das nach allen

Vorbildlich ausbalanciert, das Auge konzentriert auf den Ball gerichtet, trifft Ivan Lendl optimal. Der locker voll durchgezogene Schwung wird auf den Ball jene Wucht übertragen, die die Grundlinien-Schläge des Tschechen so gefürchtet machen.

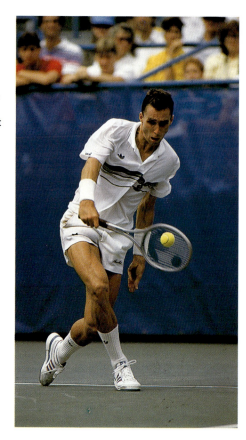

Dieser hoch abspringende Ball wird später – etwa zwischen den Schultern – geschlagen. Steffi Graf kann ihn so gut kontrollieren.

Richtungen. Trotzdem muß man deutlich unterscheiden, zwischen einem selbstgewählten Treffpunkt und einem, den man vom Gegner aufgezwungen bekommen hat. Wer unter Druck steht, ist oft froh darüber, den Ball noch irgendwie mit dem Schläger zu erreichen. Wer dagegen selbst Druck ausübt, kann eher darüber bestimmen, *wo* er *wie* den Ball treffen will.

Auf der Suche nach dem geeigneten Treffpunkt stellt man sehr schnell fest, daß es deren zwei gibt: einen, auf den ganz individuellen Schwung, die persönliche Art zu schlagen also, bezogen und einen, der vom heranfliegenden Ball bestimmt wird. Kann man diese beiden Treffpunkte vereinen, d.h. auf einen Punkt zusammenziehen, hätte man den idealen Treffpunkt, um den der Profi sein Leben lang kämpft.

Der auf den Schwung bezogene Treffpunkt
Da es genaugenommen unzählige »richtige« Treffpunkte gibt – sie hängen von der jeweiligen Griffhaltung, vom Bodenbelag, vom Drall, Tempo und der Flugbahn des entgegenkommenden Balles, dem Lauftempo zum Schlagort sowie der eigenen Schlagabsicht ab –, beschränken wir uns hier auf den normalen Vor- bzw. Rückhandschlag, den man etwa in Hüfthöhe trifft.
Bei jeweils exakter Seitstellung liegt dieses, auf die eigene Schwungbewegung bezogene Treffen, beim Vorhand-Drive zwischen dem rechten und linken Knie (Schulter), beim Rückhand-Drive ca. 10 bis 50 cm vor dem rechten Knie (Schulter).
Lendl zeigt hier, wie dieses Treffen optimal durchgeführt wird. Würde der Ball noch flacher abspringen – und Lendl würde ihm nicht entgegenlaufen –, würde er ihn etwas tiefer und weiter vorne schlagen. Müßte er ihn in etwa Schulterhöhe spielen, würde er dagegen den Treffpunkt etwas weiter nach hinten verlegen, weil es problematisch wäre, einen hohen, weit vor dem Körper getroffenen Schlag zu kontrollieren. Steffi Graf zeigt es hier vorbildlich.
Daß die Treffpunkte variieren, wissen und akzeptieren die Besten. Von der Situation abhängig, passen sie dieser ihre Schlagabsichten an.

Besonders sorgfältig achten sie darauf, die Bälle ja nicht hinter dem Körper zu treffen. Diese Schläge sind praktisch unkontrollierbar. Außerdem würden sie Gelenke, Bänder und Sehnen (Tennisarm) stark belasten.

Der auf die Flugbahn bezogene Treffpunkt
Da man von der Grundlinientechnik her weiß, daß der gesuchte Treffpunkt des normalen Vor- oder Rückhand-Drives etwa in Hüfthöhe liegt, versucht man, den Ball auch möglichst dort zu treffen. Da jedoch jeder Schlag des Gegners – außer dem ganz flach gespielten – zweimal diesen Treffpunkt bietet, einmal nach dem Aufsprung (bei A, siehe Grafik), einmal nach Überschreiten des höchsten Punktes (bei B), sollte man wissen, welches der geeignete Treffpunkt ist. Wiederum sind Situation und Schlagabsicht entscheidend. Bei B hat der Ball nicht mehr so viel Drall und/oder Tempo wie bei A.

Verschiedene Treffpunktmöglichkeiten für die Grundlinien-Schläge.

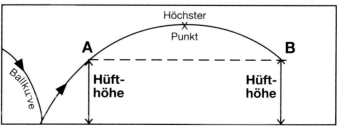

Es ist also technisch leichter, diesen Ball zu schlagen. Außerdem hat man mehr Zeit, eine gute Schlagposition einzunehmen. Allerdings wird mit dem später getroffenen Ball auch Zeit verschenkt (die Zeit nämlich, die der Ball von A nach B *und* zurück fliegt), was der Gegner nützen kann, um eine optimale Bereitschaftsstellung einzunehmen.
Die bei A getroffenen Bälle setzen den Gegner dagegen erheblich mehr unter Druck – zeit- und tempobezogen –, denn der früher getroffene Ball hat noch mehr Fahrt (Energie), wird demnach bei gleichem Schwungtempo früher *und* mit höherer Geschwindigkeit zum Gegner fliegen. Man sieht, es ist gar nicht so einfach, feste Regeln aufzustellen.

Was machen die Besten? Sie agieren unterschiedlich, abhängig von ihrer Spielauffassung. Spieler wie Andre Agassi oder Monica Seles, die dank ihrer hervorragenden Beinarbeit, ausgefeilten Technik und einem außergewöhnlichen Gefühl für Timing in der Lage sind, die Bälle ständig im Steigen zu nehmen, werden den Treffpunkt bei A anstreben. So

Andre Agassi versucht jeden Ball im Steigen zu treffen. So setzt der Amerikaner seine Gegner ständig unter Druck.

halten sie ihre Gegner unter Druck, zwingen sie zu hastigen Reaktionen (Fehler) und machen außerdem immer wieder direkte Punkte.
Wie erfolgreich man mit dieser Art Tennis sein kann, haben die beiden mit ihren Masters-Siegen (1990) nachhaltig unter Beweis gestellt!
Spieler wie Mats Wilander oder Aranxa Sanches-Vicario, die den langen Ballwechsel bevorzugen, werden den Ball eher am Punkt B treffen.
Darüber hinaus hat jeder Könner seine »Lieblingshöhe«, in der er den Ball gewissermaßen mit geschlossenen Augen sauber treffen würde. Dort – das versucht er, wann immer möglich – will er seinen Rück- oder Vorhandschlag durchziehen. Wenn es sich dabei hauptsächlich um jene bei A zu treffenden Bälle handelt, muß er sich besonders exakt darauf vorbereiten, denn die technischen Anforderungen dieser Schläge sind extrem hoch (exaktes Timing). Darin ungeübte Spieler glauben immer wieder, sie müßten diese »frühen« Schläge schneller durchführen, als die später getroffenen. Das ist ein Irrtum. Früher treffen heißt nicht schneller schlagen. Früher treffen heißt vielmehr früher auszuholen, dem Ball, wenn möglich, entgegenzugehen, aber ruhig zuzuschlagen.

Fassen wir zusammen: Den idealen Treffpunkt für die jeweilige Situation und Absicht gibt es bestimmt, aber da zwischen theoretischem Wissen und praktischem Durchführen Welten liegen, bleibt er ein ewiger Wunschtraum. Deshalb muß auch der Beste ständig zu Kompromissen bereit sein.

Ein Tip zum Training:
Üben Sie technische Einzelheiten grundsätzlich nicht unter Zeitdruck.
Wenn Sie an einem bestimmten Teil einer Schlagbewegung arbeiten, dann müssen Sie dafür sorgen, daß Ihr Partner Ihnen die Bälle in *ruhigem* Tempo zuspielt. Und konzentrieren Sie sich ausschließlich auf dieses Detail. Vernachlässigen Sie vorübergehend Ihre anderen Schwierigkeiten, auch auf die Gefahr hin, daß sich Fehler einschleichen. Erst wenn Sie den »neuralgischen Punkt« im Griff haben, sollten Sie wieder die Schlagbewegung als Ganzes sehen und entsprechend trainieren. Dann allerdings sollten Sie das zuvor so wichtige Detail »vergessen«.
Auch trainieren will gelernt sein!

Also, machen wir's den Besten nach!
Versuchen Sie, Ihrer Körpergröße, Ihrer technischen Fähigkeit, Ihrer Beweglichkeit entsprechend den Ball sauber, am geeigneten Treffpunkt zu spielen.
Auf die Flugbahn des Balles bezogen früh – aber nicht zu weit vorne treffen, was die eigene Schwungbewegung angeht, heißt die Parole! Doch diese Vorgaben haben sich der Situation und der Schlagabsicht unterzuordnen.
Verzweifeln Sie also nicht, wenn Sie nicht auf Anhieb optimal treffen. Das kann nicht schon nach einer Woche, auch nicht nach einem Monat klappen. Das bringt die Erfahrung aus vielen, vielen Stunden konzentrierten Trainings. Entscheidend darf deshalb zunächst nicht das Schlagergebnis sein, sondern die Absicht, den Ball am geeigneten Treffpunkt zu spielen. Aber es lohnt sich, sich dafür anzustrengen und irgendwann werden Sie regelmäßig »richtig« treffen: Sie können Schlagtempo und Schlagrichtung bestimmen!

Das Ausholen

Die Ausholbewegung leitet den Schwung (Schlag) ein und ist somit Grundlage für die Zuschlagbewegung. Die Schwierigkeiten, die dabei auftreten können, hängen mit der Vielzahl der technischen und zeitlich-dynamischen Möglichkeiten zusammen. So kann man den Arm (Schläger) mit und ohne »Schleife« zurücknehmen, man kann ihn nach oben oder mehr nach unten führen, das Handgelenk fixiert halten oder öffnen, man kann die Beine dabei bewegen oder nur den Oberkörper drehen. *Alles kann richtig, alles kann falsch sein.*
Da der entgegenkommende Ball das Handeln auf dem Platz bestimmt, hängt viel von der rechtzeitigen Vorbereitung ab. D.h., man muß sich über den Zeitpunkt des Ausholens klar sein, denn der Schläger kann früh, spät oder »normal« zurückgenommen werden. Viele Spieler haben damit ihre Schwierigkeiten. Sie schaffen es oft nicht, die technischen und zeitlichen Komponenten harmonisch aufeinander abzustimmen. Sie zaudern zu lange, weil sie die Situation unterschätzen oder ihre Fähigkeiten überbewerten. Sie finden dann nicht ihren Rhythmus (Timing) und resignieren, indem sie ihre Bemühungen mit einem »Heute ist nicht mein Tag« einstellen.

Anders die Besten. Sie beugen vor. Um das bereits beschriebene Verzögern zu ermöglichen (siehe »Ausholen – Verzögern – Schlagen«, S. 27), holen Sie, wann immer Sie dazu in der Lage sind, so früh bzw. so rechtzeitig wie möglich aus. Becker z. B. (siehe Bild S. 26), nimmt deshalb, wie alle Topspieler, sobald er absehen kann, wohin des Gegners Ball fliegt, seinen Schläger zurück. Am Umkehrpunkt von Ausholbewegung in die Schlagphase wird die Schwungbewegung dann etwas abgebremst, verzögert. Jetzt, vor Beginn der Schlagbewegung, ist er in der Lage,
- den Schlag technisch einwandfrei, d. h. ohne Hast durchzuführen;
- die Spielsituation zu überblicken und entsprechend (taktisch richtig) zu handeln;
- Unvorhergesehenes, z. B. einen Windstoß, einen versprungenen Ball, die überraschende Bewegung des Gegners u.ä. noch zu berücksichtigen.

Daß die Besten einen Ball unsauber treffen, kommt daher äußerst selten vor. Natürlich weiß ich auch, daß Steffi Graf, wenn sie ihre berühmte Vorhand aus der Rückhandecke »abschießt« (siehe »Vorhandangriff aus der Rückhandecke«, S. 80), erst im allerletzten Moment ausholt und ohne zu verzögern zuschlägt. Ist dieser Vorhandschlag nun deshalb so effektiv, weil er mit einer blitzschnellen, erst im allerletzten Moment durchgeführten Schwungbewegung gespielt wird? Oder ist die Beinarbeit, das Gefühl für Timing, Rhythmus und Koordination der Nummer eins im Damentennis (1990) derart überdurchschnittlich ausgeprägt, daß sie trotz dieser fast hastig wirkenden Ausholbewegung so effektiv zuschlagen kann?
Ich plädiere für die zweite Lösung. Erstens gibt es außer ihr weder einen Spieler noch eine Spielerin, die über einen ähnlichen Schlag verfügen – für alle anderen erstklassigen Vorhandschläge wird früh ausgeholt! Zweitens ist es gerade diese Vorhand, die dann außer Kontrolle gerät – ich behaupte wegen dieses verspäteten Ausholens –, wenn Steffi nervös wird, unter besonderem Druck steht oder außer Form ist. Und drittens holt sie zur »normalen« Vorhand aus der Vorhand-Ecke ebenfalls rechtzeitig aus (siehe Bild S. 34)! Versuchen Sie also nicht Grafs Vorhand-Ausholbewegung zum Schlag aus der Rückhand-Ecke zu kopieren. Sie werden damit keinen Erfolg haben. Bewundern wir diesen berühmten Schlag als Ganzes und akzeptieren wir die verspätete Ausholbewegung als Ausnahme.

Also, machen wir's den Besten nach!
Holen Sie bewußt früh und konsequent aus. Nehmen Sie alle die Vorteile wahr, die dieses rechtzeitige Zurücknehmen des Schlägers bietet. So sind Sie optimal auf den unmittelbar bevorstehenden Schlag vorbereitet.

Anmerkung:
Natürlich ist hier nur von der Ausholbewegung die Rede, die einen Schlag betrifft, zu dem Sie ohne übertriebene Eile in Stellung gehen können. Sollten Sie zum extrem schnellen Lauf gezwungen sein, um einen Ball überhaupt zu erreichen, würde eine zu frühe Ausholbewegung eventuell das Laufen (Koordination) und somit das Einnehmen der Schlagposition negativ beeinflussen (siehe Beinarbeit S. 16)

Den linken Arm einsetzen!
Allgemein wird die Bedeutung des Einflusses des linken Armes (Hand) auf die Qualität der Grundlinienschläge weit unterschätzt. Zwar akzeptiert man, daß der Hand bei der Rückhand eine klare Aufgabe zugeordnet wird: Sie zieht den Schläger zurück, stabilisiert so die Ausholbewegung und leitet die so eminent wichtige Oberkörperdrehung ein. Für die Vorhand, so meinen viele, kann man auf den linken Arm »verzichten«. Das typische Ausstrecken des linken Armes in Richtung des heranfliegenden Balles wird daher oft als Eigenart der Vorhandspezialisten abgetan und nicht als unerläßliche Hilfe dafür, die Körperachse in die zum Schlag unbedingt notwendige optimale Seitstellung zu bringen. Aus diesem Grund baumelt der linke Arm bei vielen Spielern, vor allem bei solchen mit schlechter Vorhand, »irgendwo« herum, statt gezielt eingesetzt zu werden.

Genau das aber machen die Besten. Während Gabriela Sabatini z. B. sich mit kleinen Schritten in Schlagposition bewegt, leitet sie mit dem linken, ausgestreckten (wichtig!) Arm die Ausholbewegung ein: Sie streckt ihn – während der rechte Arm weiter nach hinten geführt wird – dem heranfliegenden Ball entgegen (siehe Bild S. 33). Das sieht bei manchen Spielern zum Teil so aus, als ob sie mit der linken Hand nach dem Ball greifen wollten. Daß Sabatinis linker Arm im Ellenbogengelenk gestreckt ist, kann nicht deutlich genug betont werden. Nur so wird auch die linke Schulter nach vorne zum Ball hin »gedrückt«, was wiederum die Seitstellung stabilisiert. Wäre lediglich die linke Hand vorne, der Arm also angewinkelt, bestünde die Gefahr, daß sich der Oberkörper beim Schlag zu früh aufdreht. Die Schlagkontrolle wäre dadurch erschwert.
Durch dieses Ausstrecken des linken Armes, das zum Teil nur Bruchteile von Sekunden, zum Teil etwas länger beibehalten wird, erreicht der Spieler die korrekte Oberkörperdrehung gleich zu Beginn des Vorhandschlages. Sie ist unerläßlich – unabhängig davon, ob die Beine zum Schlag ebenfalls seitlich stehen oder frontal, was beim Vorhandschlag durchaus möglich ist – und zweifellos mitverantwortlich für die Qualität des Schlages.

Auch Steffi Graf setzt hier ihren linken Arm ein – und holt früh aus! Die optimale Schlagkontrolle ist gewährleistet.

Also, machen wir's den Besten nach!

Strecken Sie bei der Vorhand wie Sabatini (siehe Bild S. 33) den linken Arm in Richtung des entgegenkommenden Balles, während die rechte Hand mit Schläger das Ende der Ausholbewegung erreicht.

Ziehen Sie bei der Rückhand wie Becker (siehe Bild S. 26) mit der linken Hand den Schläger so weit energisch zurück, bis die rechte Rückenhälfte zum Netz zeigt. Prüfen Sie beim nächsten Training einmal nach, ob Ihr linker Arm bzw. Ihre linke Hand bereits, wie hier beschrieben, im Einsatz sind. Wenn nicht, sollten Sie es ändern, um mit »links« Ihre Grundlinienschläge zu stabilisieren. Vergessen Sie dabei aber nicht, sich gleichzeitig zum Vor- oder Rückhandschlag mit kleinen Schritten dem Ball entgegen zu bewegen. So sind Sie in optimaler Ausgangsposition zum Schlag bereit.

Das Schwingen zum Treffpunkt

Das Wichtigste am Schlag ist Ort und Zeitpunkt des Ballkontaktes. Ball und Schlägerfläche nähern sich diesem Kulminationspunkt auf beinah schicksalhafte Weise, wobei die Wirkung des gegnerischen Balles leider nicht, die der eigenen Schlägerfläche jedoch sehr wohl beeinflußt werden kann.

Jeder Spieler kann ein Lied davon singen, gibt es doch genügend »Hindernisse«, die dem erfolgreichen Treffen des Balles im Wege stehen können. So kann der Ball zu weit vorne, zu weit hinten, zu früh, zu spät, mit verkrampftem oder lockerem Handgelenk, mit zu sehr geöffneter oder geschlossener Schlägerfläche getroffen werden. Darüber hinaus kann der

Becker's Vorhand, der Wunschtraum vieler Tennisspieler.

Schwung zu vorsichtig oder zu heftig durchgeführt worden sein, von den technischen Schwierigkeiten der Schlagbewegung einmal ganz abgesehen. Während man also oft schon zufrieden ist, wenn der Ball einigermaßen übers Netz fliegt, wollen die Besten diese Unsicherheitsfaktoren möglichst in den Griff bekommen.

So versuchen sie grundsätzlich von unten-hinten nach vorne-oben zu schwingen. Dabei achten sie darauf, daß beim Treffen des Balles die Schlägerfläche voll beschleunigt ist, was dazu führt, daß nach dem Ballkontakt Arm und Schläger energisch nach oben durchschwingen (siehe »Das Ausschwingen«, S. 38). Würde die Schlägerfläche dagegen nur bis zum Treffen bewußt beschleunigt werden, müßte auch der Schwung schon vor dem Ballkontakt abgebremst werden, was Schlagtempo und Schlagkontrolle stark beeinflussen würde.

Unmittelbar vor dem Treffen haben die Besten die Seitstellung eingenommen, die sie so lange es irgend möglich ist, beibehalten. Das Auf- oder Wegdrehen wird so weitgehend vermieden. Nur so können sie – vor allem wegen der ungeheuren Schwungdynamik ihrer Schläge – verhältnismäßig sicher sein, daß die Schlägerfläche beim Treffen senkrecht zur Schlagrichtung steht: Die Schlagkontrolle ist gewährleistet, d.h., der Ball fliegt dahin, wo sie ihn haben wollen.

Eine kleine, technikbezogene Zwischenbemerkung. Das Beibehalten der Seitstellung verhindert das Auf- bzw. Wegdrehen während der Schlagbewegung, einer der häufigsten Fehler beim Grundlinienspiel. Zu dicht am Körper und/oder zu weit hinten getroffene Bälle (jeweils bezogen auf die Schwungbewegung) verursachen das Wegdrehen: Das vordere Bein (Körpergewicht) wird während der Schlagbewegung durch eine Körperdrehung vom Ball weg-, d.h. zurückgenommen: Der Spieler dreht sich in frontale Stellung.

Zu weit entfernt und/oder zu weit vorne getroffene Bälle (jeweils bezogen auf die Schwungbewegung) sind für das Aufdrehen verantwortlich: Das hintere Bein wird während der Schlagbewegung durch eine Körperdrehung um das Standbein zum Ball hin nach vorne gebracht: Der Spieler dreht sich in frontale Stellung.
In beiden Fällen ist also der »falsche« Treffpunkt Ursache für dieses Drehen. Es erschwert das Beibehalten der Seitstellung und beeinträchtigt damit die Ballkontrolle.

Zurück zum Thema: Wenn man z.B. Becker bei seinen aggressiven Vorhandschlägen beobachtet, wird man feststellen, daß er sowohl die Seitstellung, zumindest die des Oberkörpers, regelmäßig einhält, als auch – die Superzeitlupe bringt es an den Tag – den Ball tatsächlich nur ganz wenig vor seiner rechten Schulter neben sich trifft (siehe Bild S. 35). Erst nach dem Ballkontakt dreht der Oberkörper in frontale Stellung.
Beim Rückhandschlag ist diese Seitstellung fast selbstverständlich. Daß die Vorhandspezialisten aber auch versuchen, sie möglichst lang stabil zu halten, überrascht dagegen: Die Dynamik ihrer Vorhandschläge vermittelt den Eindruck, als würden sie den Ball »irgendwo« sehr weit vor dem Körper treffen und dabei ausschließlich auf die Wucht ihrer Schläge konzentriert sein.
So gesehen scheinen die Besten die Vorstellung der meisten Spieler vom guten Vorhandschlag zu bestätigen, die durch die ständige Aufforderung ihrer Trainer »Früher treffen!«, ja gezielt dazu angespornt werden, den Ball weit vorne zu schlagen. Daß aus diesem »früh« ganz allmählich ein »zu früh« werden und zu einem verhängnisvollen Fehler bei den Grundlinienschlägen führen kann, ist naheliegend.

Tatsache ist jedoch, daß die Besten eher den Ball **neben** sich treffen, ein paar Zentimeter weiter hinten oder vorne, abhängig von der jeweiligen Griffhaltung. Dieses Neben-sich-Treffen ist vielleicht der Schlüssel zur erfolgreichen Vorhand, denn genau da – und nur da – können Wucht **und** Präzision gleichermaßen kontrolliert werden (natürlich sind hier nur jene Grundlinienschläge angesprochen, die der Spieler innerhalb seiner Reichweite und ohne unter Zeitdruck zu stehen in »normaler« Treffhöhe spielen kann).

Becker versucht also, die Seitstellung während des Treffens unbedingt beizubehalten. Bei normalen Schlägen erreicht er dies, indem er locker in den Knien das Körpergewicht zum Treffen hin auf den vorderen Fuß verlegt und gleichzeitig das andere Bein hinten hält.

Bei sehr dynamischen Schlägen gibt es damit jedoch Schwierigkeiten. Beachten Sie in diesem Zusammenhang einmal das **Springen** während des Schlages, das einige Spitzenspieler gelegentlich, einige regelmäßig tun.
Springt ein Spieler oder eine Spielerin, kann man davon ausgehen, daß deren Schläge besonders wuchtig durchgezogen werden. Zu ihnen zählen Agassi, Seles, Becker und auch Steffi Graf.

Durch dieses Abheben vom Boden – ausgelöst durch die sich energisch streckenden Beine – ist es ihr möglich, extrem aggressiv zuzuschlagen, ohne dabei aufzudrehen, d.h., weder die Balance zu verlieren, noch die Seitstellung aufzugeben. Sie behält die Kontrolle über den Ball.

Würde die so vehement zuschlagende rechte Körperhälfte (Vorhand) mit dem vorderen Fuß Bodenkontakt behalten, könnte die durch die Schlag- bzw. Körperdynamik frei gewordene Energie nur durch das gefährliche Aufdrehen (um den vorderen Fuß herum: Pirouetten-Effekt!) abgebaut werden: Die Schlagkontrolle ginge verloren. Bitte beachten Sie dabei, daß das eigentliche Springen (Abheben vom Boden) erst nach dem Treffen des Balles erfolgt (siehe auch Bild S. 40: Ausschwingen), es aber schon mit Beginn der Schlagbewegung eingeleitet wird.

Kommen wir zurück zum Schlagarm. Locker gestreckt – so denkt man meistens – schwingt er dem Ball entgegen. Das trifft für Rückhand, nicht jedoch für Vorhand zu. Beim Rückhandschlag knickt der Arm bei der Ausholbewegung im Ellenbogengelenk ab, wenn er nach hinten geführt wird. Beim Zuschlagen streckt er sich wieder, wenn er nach

Eine Grand-Slam-Siegerin verliert den Boden unter den Füßen.

vorne schwingt. Beide Bewegungen ergänzen bzw. unterstützen sich in ihrem Bemühen, den Ball zu beschleunigen. Im Treffpunkt (siehe Lendl S. 28) ist der Arm dann tatsächlich locker gestreckt.

Auch beim Vorhandschlag wird der rechte Arm etwas abgewinkelt nach hinten geführt (siehe Sabatini S. 33). Beim Nach-vorne-Schwingen kann sich dieser von Ober- und Unterarm gebildete Winkel verändern, sogar bis beinahe 90° (!), abhängig vom Treffpunkt des Balles. Dies betrifft vor allem sehr dynamische, mit Topspin geschlagene und etwas über Hüfthöhe, meist im Steigen getroffene Bälle, wie sie Becker deutlich demonstriert. Beim Treffen ist sein Oberarm fast senkrecht nach unten gerichtet, sein Unterarm fast waagrecht, schräg nach vorne, dem Ball entgegengestreckt. In dieser Haltung kann die Energie des Schwunges am effektivsten auf den Ball übertragen werden (siehe Bild S. 35). Im Treffpunkt kann demnach der Arm bei der Vorhand eigentlich gar nicht gestreckt sein, es sei denn, er wird bewußt in diese Stellung gebracht bzw. gehalten, was beim Schlagen unterschiedlich weit entfernter Bälle zusätzliches Geschick erfordern würde und darüber hinaus einer Verkrampfung gleichkäme.

Daß auch das sich während des Schlagens schließende (Vorhand) oder öffnende (Rückhand) Handgelenk unheilvollen Einfluß auf die Schlagkontrolle haben kann, dann nämlich, wenn man versucht, es bewußt nach vorne zu »klappen«, ist einleuchtend. Doch das schon erwähnte »träge« Auge (siehe S. 14) täuscht sich, wenn es auf das Handgelenk mancher sehr dynamisch zuschlagender Spieler gerichtet ist. Man glaubt wirklich, den energischen Handgelenkseinsatz zu sehen. Tatsächlich bleibt das Handgelenk im Treffmoment weitgehend stabil, eine Grundvoraussetzung zum kontrollierten Schlag. Erst nach dem Treffen, beim Ausschwingen also, gibt es zum Teil locker nach.

Also, machen wir's den Besten nach!
Schwingen Sie von unten dem Ball entgegen. Ziehen Sie energisch mit stabilem Handgelenk nach vorne-oben durch. Behalten Sie unbedingt die Seitstellung bei. Und – ganz wichtig! – treffen Sie den Ball bei der Vorhand in dieser Seitstellung *nicht zu* weit vorne.
Wenn Sie zu den ganz dynamischen gehören, sollten Sie sich einmal mit dem »Springen« auseinandersetzen. Vielleicht erreichen Sie damit jenen Druck, der Ihnen im Schlag bisher gefehlt hat.
Zum Üben sollten Sie sich Bälle aus dem Korb zuspielen lassen. Schlagen Sie locker und energisch ins offene Feld, ohne daß der Ball zurückgespielt wird. Konzentrieren Sie sich beim Zuschlagen nur auf jeweils einen der angesprochenen Punkte, während Sie die anderen vorerst unberücksichtigt lassen. So werden Sie am schnellsten Fortschritte erzielen.

Das Ausschwingen

Es ist richtig, daß in dem Augenblick, in dem der Ball die Besaitung des Schlägers verläßt, der Schlag eigentlich abgeschlossen ist. Der Spieler kann nichts mehr tun, um ihn auf seinem Weg zum Gegner zu beeinflussen. Man weiß das und findet sich damit ab.

Der Schlag ist beendet, keineswegs jedoch der komplette Schwung! Schwingt der Schlägerkopf nach dem Treffen des Balles nämlich nicht energisch genug hinter diesem her – davon etwa 20 cm exakt in die gedachte Schlagrichtung und immer etwas nach oben –, können unangenehme Dinge passieren, wie wir sie auf dem Tennisplatz ständig erleben:
- Der Ball kann in die falsche Richtung fliegen, weil er zu früh oder zu spät getroffen wurde.
- Der Ball kann zu langsam sein, weil ihm die nötige Wucht (Energie) fehlt.
- Der Ball kann im Netz landen, weil die Schlägerfläche beim Treffen nach vorne um die Längsachse »gekippt« wurde, ausgelöst durch zu starken Handgelenkseinsatz oder betontes Anheben der Ellenbogenspitze während der Schlagbewegung (Vorhand).

Der gute Spieler zieht deshalb nach dem Ballkontakt Schläger und Schlagarm energisch nach oben-vorne durch. Schläger und Schlagarm wohlbemerkt. Dabei achtet er darauf,
- daß der Schläger wenigstens bis zur Schulterhöhe in Schlagrichtung nach oben mitschwingt, oder gar in die nach vorne-oben ausgestreckte linke Hand auspendelt (Vorhand)
- daß das Handgelenk – ganz wichtig! – auch über den Treffpunkt hinaus möglichst stabil gehalten wird.

Wie das exzellent gemacht wird, zeigt uns Steffi Graf. Mit diesem Trick, das Ausschwungziel (linke Hand) vor dem Ballkontakt festzulegen, schränkt sie die Gefahr, daß ihr der extrem dynamische Schwung außer Kontrolle gerät, stark ein. So verhindert das Ausschwingen des Schlägers in ihre nach oben ausgestreckte linke Hand, daß sich der Oberkörper zu früh in den Schlag hineindreht und bewirkt außerdem, daß ihr rechtes Handgelenk stabil bleibt, d. h. nicht ungewollt die Schlägerfläche schließt. Daß dieses Ausschwingen auch ohne Auspendeln in die linke Hand funktionieren kann, ist selbstverständlich. So oder so ist es jedoch von entscheidender Bedeutung, denn es gewährleistet die Schlagkontrolle.

Nach dem Spurt in eine der Platzecken, wenn der Spieler, wie Becker z. B., also seinen Schlag beinah gegen die Laufrichtung anbringen muß, ist dieses Nach-vorne-oben-Ausschwingen des rechten Armes geradezu unerläßlich. Da Becker ganz sicher sein will, daß die Schlägerfläche auch tatsächlich aggressiv genug gegen den Ball geschwungen wird, streckt er, selbst in dieser extremen Situation, den linken Arm dem heranfliegenden Ball entgegen (siehe S. 41) und zieht seinen Schläger derart energisch nach oben, daß der Ellenbogen des Schlagarmes über Schulterhöhe ausschwingt! Der hohe Ellenbogen garantiert Becker gewissermaßen den Erfolg dieses so schwierigen Vorhandschlages.

Natürlich ist auch bei der Rückhand das Ausschwingen für die Schlagkontrolle sehr wichtig. Der gute Spieler versucht deshalb unter allen Umständen zu vermeiden, daß der Oberkörper dabei aufdreht. Wie das funktioniert, zeigt uns Lendl. Er schwingt seinen rechten Arm vehement nach oben, während er gleichzeitig seinen linken Arm in die entgegengesetzte Richtung auspendeln läßt. Dadurch gelingt es ihm, den Oberkörper seitlich zu halten, d. h. den Ball auch in ärgster Bedrängnis kontrolliert zu schlagen (siehe Bild S. 39).

Steffi Graf beim Ausschwingen ihres explosiven Vorhandschlages. Vorbildlich, wie sie das Handgelenk dabei fixiert hält.

Boris Becker zeigt hier, wie man auch in arger Bedrängnis technisch einwandfreie Schläge durchführen kann. Oder muß! Gerade wenn man unter Druck steht. Besser kann man aus vollem Lauf nicht spielen.

Also, machen wir's den Besten nach!

Wenn Sie Schwierigkeiten damit haben, Schlagrichtung, Schlaglänge oder Schlagtempo zu kontrollieren, sollten Sie einmal diese Hilfe des linken Armes bzw. rechten Ellenbogens ausprobieren.

Beobachten Sie im Training, wohin Sie Ihren Schläger nach dem Treffen des Balles ausschwingen lassen, indem Sie einige Male nach dem Ballkontakt wie ein Denkmal »versteinert« stehen bleiben und dabei auf den nach oben auspendelnden rechten Arm achten. So können Sie sehr schnell erkennen, ob der linke Arm Ihnen beim Ausschwingen behilflich war.

Nehmen Sie das Ausschwingen grundsätzlich genauso ernst wie das Ausholen. Bleiben Sie »im Ball drin«, wenn Sie ihn treffen und schwingen Sie den Schlag energisch und sauber nach oben aus. Die linke Hand (Arm) sollte dabei tatkräftig unterstützen. Und wenn Sie in die Ecke gejagt werden, an den hohen Ellenbogen denken! Er wird Ihnen helfen, den Ball auch aus dieser extremen Lage gut zurückzuspielen.

Flugball

Zugegeben, der Flugball ist nicht jedermanns Sache. Nicht nur, daß es etwas schwierig erscheint, die Position zu finden, die einzunehmen notwendig ist, um gegen den Passierball gerüstet zu sein (siehe »Das Einnehmen der Drehscheibenposition«, S. 71). Es ist auch gar nicht so einfach, die technischen Voraussetzungen zu schaffen, um gut vollieren zu können. Vollieren wohlbemerkt, energisch und mit Druck, nicht nur den Ball »irgendwie« übers Netz zu schaufeln. Grund genug für viele, dem Netz fernzubleiben und sozusagen freiwillig auf so manchen Punkt zu verzichten.

Die beiden häufigsten Ursachen vieler Spieler für verpatzte Flugbälle sind einmal die fehlende Entschlossenheit und zum anderen eine falsche Ausholbewegung. Es fehlt oft der Mut, energisch zu vollieren. Die Zögerlichen halten den Schläger lediglich hin und wundern sich, wenn der Gegner weder vom Tempo noch von der Präzision ihres Volleys bedrängt wird.
Viele anderen holen wie zu einem Grundlinienschlag aus und dreschen – meist in frontaler Stellung – völlig unkontrolliert auf den Ball. Oft genug kippt dabei der Schläger noch mit der oberen Rahmenkante nach vorne, – ein sauberer Flugball ist so nicht möglich.

Der gute Spieler dagegen volliert bewußt, energisch, zielstrebig, wie der geniale McEnroe, der dank seiner Flugbälle jahrelang die Nummer eins im Welttennis war. Er geht rein in den Ball, »attackiert« ihn, wobei er auf den technisch einwandfreien Schlagablauf achtet. Das bezieht sich sowohl auf die Schlägerhaltung, als auch auf den Schlag selbst. Ohne große Ausholbewegung – die Oberkörperdrehung genügt bereits – bringt er die schrägstehen-

Wimbledon-Finale: Schön zu sehen, wie Stefan Edberg nach seinem Volley »unten« bleibt.

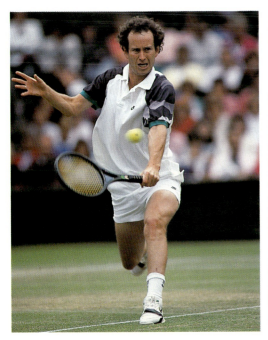

Aggressiv, dynamisch, kontrolliert. John McEnroe, einer der größten Volley-Spezialisten aller Zeiten, bei der »Arbeit«.

de Schlägerfläche mit festem Handgelenk und kurzem, konsequenten Schlag zum Ball (kein längeres Ausschwingen nach dem Ballkontakt!).

Dieses saubere Vollieren klappt nur, weil er gleichzeitig sorgfältig darauf achtet, beim Treffen den Oberkörper möglichst seitlich zu halten. Ohne exzellente Beinarbeit wäre dies nicht machbar. McEnroe springt daher, zur entsprechenden Seite, **dem Ball entgegen,** wobei er das Körpergewicht auf den jeweils vorderen Fuß verlegt.

Besonders spektakulär sind die sehr *tiefen* Flugbälle. Cash, Edberg und Becker – keiner beherrscht diese Volleys besser als die drei Wimbledon-Sieger – gehen dabei meist soweit runter, daß *das Knie des hinteren Beines fast den Boden berührt.* Nur so können Sie diese extrem schwierigen Flugbälle auch tatsächlich energisch und technisch sauber durchführen.
Nach dem Schlag richten sie sich nicht wieder ganz auf (was naheliegend wäre), sondern springen, weit unten in den Knien bleibend und die Ellenbogen vor dem Körper haltend, zunächst in frontale Position, und von dort dahin, wo sie glauben, ihr Feld optimal gegen den nächsten Passierballversuch abdecken zu können (siehe »Drehscheibenposition«, S. 71). Dieses Runtergehen zum Ball und – noch deutlicher – das Untenbleiben, während die neue Position eingenommen wird, machen es Cash und Edberg möglich, immer optimal absprungbereit zu sein, die Voraussetzung zum erfolgreichen Flugball. In diesem Zusammenhang vermute ich, daß Beckers so oft bewunderter »Flugball-Hecht« immer seltener zu bestaunen sein wird, denn seit er seine Beinarbeit derart verbessert hat und sich dem Passierball tief unten in der Kniebeuge à la Edberg entgegenbewegt, kann er auf seine spektakuläre »Notlösung« nahezu fast ganz verzichten.

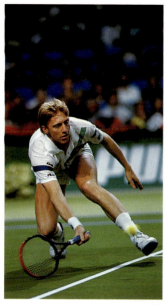 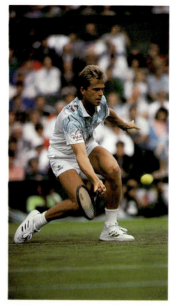 

Deutlich zu sehen, wie bei den besten Flugball-Spielern – Boris Becker, Stefan Edberg, Pat Cash – beim tiefen Volley das Knie des hinteren Beines fast den Boden berührt!

Also, machen wir's den Besten nach!
Üben Sie das energische Vollieren. Lassen Sie sich dazu aus dem Korb, von der Grundlinie aus, Bälle so zuspielen, daß Sie einen verhältnismäßig einfachen, aber aggressiven Flugball spielen können. Nehmen Sie etwa 3 m vom Netz entfernt die Drehscheibenposition ein. Halten Sie in dieser Ausgangsposition die Ellenbogen vor dem Körper. Das erleichtert Ihnen, die Ausholbewegung (fast) nur auf eine Körperdrehung zu beschränken. Holen Sie in jedem Fall nur so weit aus, daß Sie Ihren Schläger ständig im Blick haben. Führen Sie die schräg gestellte, fixierte Schlägerfläche energisch dem Ball entgegen. (Der Neigungswinkel hängt von der Netzentfernung bzw. der Treffpunkthöhe ab.) Nehmen Sie nach jedem Volley erneut die Ausgangsstellung ein, ohne sich dabei aufzurichten! Klappt dies, kann die Qualität des zugespielten »Passierballes« verbessert, die Schwierigkeit des Vollierens also vergrößert werden. Zuletzt sollte Ihnen der Ball so vor die Füße fliegen, daß Sie zum Flugball tief runter in die Knie müssen. Wenn Sie so einmal pro Woche eine halbe Stunde üben, werden Sie sehr bald einen gefürchteten Flugball spielen.

Und immer daran denken: Nie auf den Ball warten, sondern ihm nach vorne entgegengehen. Das ist die wichtigste Voraussetzung für den energischen Flugball.

Schmetterball

Eigentlich – so meint man – kein leichter Schlag. Stimmt auch im Prinzip, da die Technik – genaugenommen die Koordination von Lauf und Schlagbewegung – ziemlich kompliziert erscheint. Trotzdem werden die schwierigen Lobs meist gut geschmettert, die sogenannten einfachen dagegen oft genug verschlagen. Viele Spieler nehmen sie nicht ernst und machen dabei zwei grundlegende Fehler: Sie schauen den Ball nicht lang genug an und schlagen in frontaler Stellung.
Selbst die Besten müssen beim Schmettern einfacher Bälle gelegentlich wieder Lehrgeld zahlen, wenn sie es nur als Formsache abtun, den einfachen Lob zum Punkt wegzuschmettern. Zur Erinnerung die wichtigsten Tips zum Schmetterball:

- Nehmen Sie sofort den linken Arm hoch (senkrecht), wenn der Lob sich ankündigt.
- Laufen Sie nie frontal zurück, sondern mit Kreuz-Schritten rückwärts (linke Schulter zum Netz). So wird die zum Schlag unbedingt notwendige Seitstellung schon früh eingeleitet.
- Lassen Sie den Kopf oben (Auge am Ball), bis Sie den Ball getroffen haben (siehe »Ball ansehen«, S. 14).

Also nochmal: Vorsicht bei sogenannten leichten (schlechten) Lobs. Nehmen Sie diese zu kurz geratenen »Hochbälle« genauso ernst, wie Edberg es tut. In Seitstellung, mit erhobenem linken und rechten Arm, »tänzelt« er in Schlagposition, stellt sich unter den Ball, visiert ihn an (Kopf oben lassen, nicht ins andere Feld schauen) und schlägt zu, ohne in der Hüfte betont einzuknicken. Er überläßt den Schmetterschlag also vorrangig seinem rechten Arm.

Wo Sie den Lob erwarten, hängt von Ihrer Größe, Sprungkraft und Beweglichkeit ab: Je besser Sie zum Ball »hochsteigen« können, desto weiter vorne. Grundsätzlich ist für den guten Spieler zunächst die Flugball-Ausgangsstellung (Drehscheibe) die Position, in der er auch den Schmetterball erwartet. Hat er dort jedoch Schwierigkeiten, weil der Gegner zu häufig oder zu gut lobbt, wird er seine Ausgangsposition entsprechend korrigieren. Nie wird er jedoch auf einen Lob zu weit hinten »warten«, denn zum einen kann er dort viel leichter passiert werden, zum anderen ist der Schmetterball technisch meist schwieriger, wenn man dem Ball nach vorne entgegengehen muß, als zu ihm zwei, drei Schritte zurückzulaufen.

Also, machen wir's den Besten nach!
Freuen Sie sich, daß der Gegner lobbt, und somit zugibt, daß er Ihren Flugball fürchtet. Üben Sie dieses In-Stellung-Gehen, indem der Partner Ihnen beim Flugballtraining die Bälle aus dem Ballkorb zulobbt. Auch hier soll der Schwierigkeitsgrad des Lobs erst dann gesteigert werden, wenn die einfachen Schmetterbälle beherrscht werden. Sitzen alle Ihre Schmetterbälle, soll Ihr Partner Passierbälle und Lobs miteinander mischen. Und immer wieder zu kurz geratene Lobs mit einstreuen.

Aufschlagen

Das Ritual

Zweifellos ist das Service ein entscheidender Schlag. Klappt es, funktioniert das gesamte Spiel besser. Klappt es nicht, ist der Erfolg gefährdet. Das gilt generell für alle Turnierspieler. Aus diesem Grund ist es unverständlich, warum doch eine ganze Reihe von engagierten Akteuren auf diesem Gebiet nicht mehr tun, denn schließlich ist der Aufschlag nun einmal der einzige Schlag, auf den der Gegner keinen direkten Einfluß hat. Gut aufschlagen will jeder; aber muß man an seinem Service tatsächlich genauso systematisch arbeiten wie an seinen Grundlinienschlägen und Flugbällen? Genügt es nicht, das Aufschlagen während eines Trainingsmatches zu üben?

Ein guter Aufschlag gibt Selbstvertrauen. Einmal kann man mit ihm direkt punkten, zum anderen schafft er oft genug jene Spielsituation (schwacher Return), die dem Aufschläger die Möglichkeit gibt, den Gegner unter Druck zu setzen. Kein Wunder also, daß die meisten Akteure bemüht sind, offensiv zu servieren. Allen voran die Besten, die ständig sehr intensiv versuchen, ihren Aufschlag – ersten und zweiten – unter Kontrolle zu bekommen. Das fängt schon bei der Vorbereitung zum Service an. Alle nehmen sich Zeit. Alle! Nicht daß sie nicht sofort aufschlagen könnten! Sie wollen vielmehr sichergehen, bevor sie zuschlagen, daß sie sich in jenem Zustand der höchsten Konzentration befinden, der allein den Erfolg bringen kann, den sie von einem derart wichtigen Schlag erhoffen. Von einem Schlag, dessen überaus schwieriger technischer Ablauf nur dann optimal funktionieren kann, wenn er locker und total entspannt durchgeführt wird.

Der gute Spieler stellt sich an die Linie, jeder an eine andere Stelle, jeder in einer anderen Stellung. Dort verharrt er in Ruhe oder wippt hin und her, schaut nach unten oder zum Gegner, tippt den Ball beispielsweise achtmal oder gar nicht, ehe er endlich mit der Schlagbewegung beginnt.

Dieses Ritual, das ein ganzes Tennisleben identisch ablaufen, sich jedoch auch gelegentlich verändern kann, ist keine Effekthascherei, wie einige glauben. Es ist vielmehr eine von sehr individuellen Merkma-

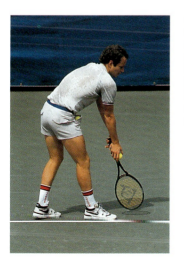

John McEnroe's unorthodoxe, typische Ausgangsstellung seines berühmt-berüchtigten Aufschlages. Erst im letzten Moment dreht sich der Amerikaner zur »richtigen« Seite.

Ivan Lendel läßt sich viel Zeit. Er nützt die ihm zustehenden dreißig Sekundern zwischen den Ballwechseln bewußt aus.

len geprägte Art Vorspiel, ein beinah schon im Unterbewußtsein ablaufendes, rhythmisches Einstimmen aller beteiligter Muskeln, Sehnen und Bänder auf die unmittelbar bevorstehende bzw. folgende »Aufschlag-Explosion«, welches darüber hinaus das zum Gelingen des guten Aufschlages unbedingt notwendige, hundertprozentig »entspannte Konzentrieren« einleitet. Natürlich schwört jeder Spieler auf sein Ritual, denn er weiß nur zu gut, was er ihm zu verdanken hat.

Also, machen wir's den Besten nach!

Wenn Sie nicht schon längst ein eigenes Aufschlag-Ritual anwenden, ist es Zeit, sich eines zuzulegen. Dabei ist es nicht notwendig, daß Sie ein neues erfinden. Die Besten bieten eine Vielzahl davon an. Schauen Sie ihnen auf die Finger, allen voran dem Spieler, der Ihnen am meisten imponiert. Ihn zu kopieren fällt Ihnen wahrscheinlich am leichtesten. Genieren Sie sich also nicht, das eine oder andere einem Vorbild nachzuempfinden. Probieren Sie aus, was Ihnen das Aufschlagen erleichtert, was Ihnen hilft, das Servieren locker einzuleiten. Dann haben auch Sie Ihr Ritual gefunden.

Der Wurf

Wenn nur der Ballwurf nicht wäre! Genug Spieler haben damit ihre liebe Not, denn der Ball fliegt nur allzugern überall dahin, wo er nicht hin soll.

Trotzdem sind viele der Akteure nicht bereit, den ungenau geworfenen Ball wieder aufzufangen. Sie machen lieber einen Schritt in die entsprechende Wurfrichtung oder verrenken sich bis zur Akrobatik, um so noch das Beste aus ihrem schlechten Wurf zu machen. Daß dieses »Beste« nicht viel taugen kann, ist einleuchtend. Dennoch scheint die Schande, den Ball wieder auffangen zu müssen, um ihn nochmals hochzuwerfen, schwerer zu wiegen, als der so relativ harmlos produzierte Aufschlag. Dem Gegner kann dies nur recht sein.

Anders die Besten. *Sie wissen, daß sich der Wurf nach dem Schwung richten muß und nicht umgekehrt.* Edberg, immerhin einer der besten Aufschläger im Tennis-Circuit, hat keine Hemmungen, einen schlecht geworfenen Ball wieder auf-

Raum und Zeit werden zum guten Service benötigt. Boris Becker, der wahrscheinlich beste Aufschläger der Welt, verschafft sich beides mit seinem exzellenten Ballwurf.

zufangen. Und ihm passiert das relativ oft. Erinnern wir uns an das Wimbledon-Finale 1989. Mehrmals hat der Schwede seinen nicht optimal hochgeworfenen Ball wieder aufgefangen. Im Wimbledon-Finale wohlbemerkt. Und da sollen wir uns bei Trainingsspielen davor scheuen?

Die Besten werfen den Ball also in ihren Schwung hinein. Unzählige Male haben sie das geübt, denn so einfach es ist, den Ball ins Aufschlagfeld zu spielen, so schwierig ist es, dies wuchtig, plaziert und kontrolliert durchzuführen, vor allem, wenn man unter Druck steht. Da es aber kein allgemein gültiges Allerweltsrezept für genaues, sicheres Hochwerfen gibt, haben alle, analog dem Vorbereitungs-Ritual, ihren »eigenen« Wurf entwickelt.

Zweierlei haben diese Würfe gemeinsam: Einmal wird der Ball weniger nach oben geworfen als vielmehr geführt. Es handelt sich dabei um ein ruhiges, beinah langsames Hochführen des linken Armes (Hand) bis zur Senkrechten; zum anderen wird der Ball hoch genug geworfen, damit er locker und energisch geschlagen werden kann. Vor allem damit haben viele Spieler ihre besonderen Schwierigkeiten. Sie werfen niederer, als sie treffen wollen. Das hängt damit zusammen, daß sie sowohl glauben, höher zu werfen, als auch meinen, höher zu treffen, als sie es tatsächlich tun. Das hat fatale Folgen für den Aufschlag, denn fast noch entscheidender als die Wurfrichtung ist, auf den Ablauf des Aufschlages bezogen, die Wurfhöhe. Neben dem Faktor Zeit spielt nämlich auch die räumliche Komponente eine wesentliche Rolle. Wer unter dem Ball wenig Platz hat, fühlt sich eingeengt und versucht gar nicht erst, sich nach oben richtig zu strecken. Es ist daher bestimmt kein Zufall, daß der am weitesten verbreitete Aufschlagfehler, das Von-oben-nach-unten-Schlagen, meist auf dieses zu niedrige Werfen zurückzuführen ist.

Was machen also viele Spieler? Sie schlagen den Ball von oben nach unten – bewußt wohlbemerkt! – und zerstören so den natürlichen Aufschlag-Rhythmus, den jeder, der »werfen« kann, von »Natur« aus hat.

Graf, Navratilova, Becker, Edberg, Lendl dagegen, um nur einige der Top-Aufschläger zu nennen, werfen den Ball grundsätzlich wenigstens einen halben Meter über den späteren Treffpunkt. So haben sie **Zeit,** das Ausholen – sprich die Schlagvorbereitung – ohne Zeitdruck (Hast) durchzuführen, und **Raum,** den Schläger locker nach oben zu schwingen, so als wollten sie ihn über eine hohe Mauer zum Gegner schleudern. Nach oben ist wichtig, denn das Nach-unten-Schwingen des Schlägerkopfes zum Ball (Treffpunkt) ergibt sich aus dem ganz entspannten Zuschlagen nach oben und hängt damit zusammen, daß der Ball immer etwas vor dem Spieler getroffen wird. Die Schlägerfläche ist also im Treffpunkt etwas nach vorne geneigt. Bewußtes Nach-unten-Schlagen sollte man jedoch unter allen Umständen vermeiden.

Auch das gern zitierte Handgelenks-Zuschnappen ist keine absichtliche Handlung des guten Spielers, sondern ebenfalls die natürliche Folge des schnellen, lockeren Zuschlagens (Armschwung) und erfolgt erst nach dem Treffen des Balles. Während des Ballkontaktes ist es fixiert.

Raum und Zeit, Grundvoraussetzung zum guten Service, werden von den Besten also optimal genutzt! Denn über den Ballwurf kann der Spieler gezielt die Qualität seines Aufschlages verbessern, oft effektiver als durch die Veränderung der Schlagbewegung. Der Wurf hat sich dem lockeren Aufschlagrhythmus unterzuordnen. Keinesfalls darf es umgekehrt sein. Das kann nicht deutlich genug betont werden.

Körperlich und mental in höchster Anspannung und Konzentration: Thomas Muster, Österreichs Nr. 1, hat optimal geworfen und somit die Voraussetzung zum erfolgreichen Service geschaffen.

Also, machen wir's den Besten nach!
Werfen Sie den Ball so hoch wie Graf und Becker. So haben Sie all die Zeit und den Raum, den Sie benötigen, locker und energisch durchzuziehen. Natürlich kann man den korrekten Wurf nur auf dem Übungsplatz in den Griff bekommen. Das gilt für alle Spieler.
Legen Sie fest, wo exakt der Treffpunkt bei Ihrem Service liegen sollte. Führen Sie den Ball dann ca. 1 m über diese Stelle, ohne ihn zu schlagen. Bei gestrecktem linken und nach oben geführten rechtem Arm (mit Schläger) können Sie so immer und immer wieder überprüfen, ob Sie korrekt geworfen haben (Ihr linker Arm dient als Orientierungshilfe). Erst dann zuschlagen, wenn Sie ganz sicher sind, daß der Ball dahin geflogen ist, wo Sie ihn tatsächlich brauchen.
Macht der Ball trotz aller Anstrengung immer noch was er will, hier eine Anregung: Versuchen Sie, den Ball mit völlig steifer, nach oben offener, mit handgelenkfixierter »Gips-Hand« hochzuführen. Auf diese Weise sind wenigstens zwei (Finger und Hand) der vielen Unruhestifter, d. h. Fehlerquellen des Ballwurfes (Arm, Schulter, Körper) zum Teil ausgeschaltet. Das Gefühl, die Hand »verkrampft« zu halten, legt sich schnell.

Seien Sie mutig beim Schlagen, aber auch beim Wurf. Und fangen Sie den Ball unbedingt wieder auf, wenn er nicht dahin geflogen ist, wo Sie ihn schlagen sollten. Unbedingt! Und nicht mogeln. Denken Sie an Edberg. Das wird Ihnen helfen.

Dazu noch ein Tip von den Besten: Werfen Sie den Ball bewußt ein paar Zentimeter nach vorne, wenn das Service zu oft hinter der Aufschlaglinie landet oder ein paar Zentimeter weiter nach hinten, wenn es häufig gegen die Netzkante klatscht. Sie werden sehen, besagte Fehler verschwinden.

Die Bogenspannung

Jeder Spieler weiß, daß jenes »Ins-Kreuz-Gehen«, das uns wie einen Bogen spannt, für die Dynamik und den Schnitt des guten Aufschlages verantwortlich ist. Löst sich diese Spannung, unterstützt sie den Schwung des zuschlagenden Armes, indem sie dessen Beschleunigungsweg verlängert und vergrößert somit die auf den Ball übertragene Energie.

Die meisten Sportler bemühen sich deshalb, ihren Körper beim Ausholen auch tatsächlich wie einen Bogen zu spannen. Eine besonders ausgeprägte Ausholbewegung demonstriert Becker. Er verlegt sein gesamtes Körpergewicht auf die Fußballen (Fersen hoch), indem er es betont nach vorne, zu den Knien hin schiebt. Der Körper nimmt dabei aber *nicht* die Form eines Bogens an, sondern eher die eines rechten Winkels! (Oberschenkel, Hüfte und Oberkörper stehen fast senkrecht zu den Unterschenkeln.) Darüber hinaus verwindet sich sein Oberkörper gleichzeitig etwa soweit, bis sich die rechte Schulter (Ellenbogen) über der linken Ferse befindet. Auf diese Weise komprimiert er eine Spannung, die sich für das Zuschlagen explosionsartig nach oben, zum Ball hin wieder entlädt.

Erst dabei wird aus dem rechten Winkel die oft zitierte Bogenspannung. Nicht früher! Ganz bestimmt ist diese außergewöhnliche Ausholbewegung mitverantwortlich für Beckers gefürchteten Aufschlag.

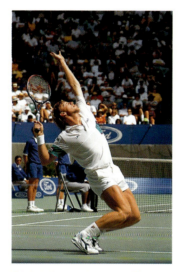

Die beiden so wichtigen Phasen von Boris Beckers Aufschlag während des Ins-Kreuz-Gehens.

Also, machen wir's den Besten nach!

Probieren Sie doch einmal aus, wie Sie mit dieser »anderen« Bogenspannung zurecht kommen. Es genügt schon, wenn Sie versuchen, Ihr Körpergewicht nach vorne (zu den Knien hin) zu verlegen (rechten Winkel bilden) und die zusätzliche Oberkörperdrehung zunächst unberücksichtigt lassen. Bereits nach kurzem Üben werden Sie feststellen, daß jener giftige Drall, um den man die Besten so beneidet, viel deutlicher spürbar »herauskommt«. Besonders auffallend ist es beim Versuch, das Service zu überziehen (Topspin). Das bewirkt, daß einmal der Aufschlag höher übers Netz fliegt (mehr Sicherheit), zum anderen der Ball nach dem Aufsprung höher und aggressiver, d. h. für den Gegner unangenehmer, wegspringt. Vor allem Ihr zweiter Aufschlag wird davon profitieren.
Wichtig: Das Üben dieser »Bogenspannung« ist nicht mit allgemeinem Aufschlagtraining (siehe S. 53), also mit dem Üben eines Ihnen vertrauten Bewegungsablaufes zu verwechseln. Sie müssen sich daher etwas mehr Zeit nehmen, wenn Sie sich mit dem Ins-Kreuz-Gehen à la Becker beschäftigen.

Der Sprung danach

Ob man nach einem dynamischen Service mit dem einen, wie z. B. Ivanisevic, oder mit dem anderen, wie z. B. Becker, in das Feld springt, ist unerheblich, solange der Sprung dem Akteur natürlich erscheint und nach vorne gerichtet ist. Nur so ist gewährleistet, daß der Schwung locker nach vorne-oben durchgeführt werden kann. Oft genug erlebt man nun, daß der Spieler nach seinem Service ein, zwei weitere Schritte in den Platz hinein macht – die Dynamik seines Aufschlages hat ihn nach vorne getrieben – und dort auf den Return wartet. Ist dieser jedoch lang, steht der Aufschläger auf ziemlich verlorenem Posten: trotz oder gerade wegen des schnellen Aufschlages ist er unter Druck.

Der gute Spieler weiß sich da zu helfen. Sofort, nachdem er wieder festen Boden unter den Füßen hat – und nicht Aufschlag-Volley zu spielen beabsichtigt –, nimmt er die Grundlinienbereitschaftsstellung ein, d. h., er springt zwei, drei Schritte zurück, um so hinter die Grundlinie zu kommen. Er spekuliert also nicht darauf, daß sein Aufschlag als As ins Feld geht, sondern rechnet mit einem guten Return seines Gegners, von dem er dann nicht überrascht wird.

Boris Becker springt mit dem rechten Fuß ins Feld. Dieser Sprung wird zum Start-Schritt, wenn er seinem Service zum Netz folgt.

Goran Ivanisevic kommt (wie Edberg) mit dem anderen Fuß zuerst auf. (Als Linkshänder ist es auch der rechte!) Auch er kann sofort zum Netz starten. Der Jugoslawe ist nicht zuletzt wegen seines schnellen (erstes Service) und äußerst unangenehm wegspringenden und plazierten Aufschlages (zweites Service) für alle ein gefährlicher Gegner.

Also, machen wir's den Besten nach!
Schlagen Sie energisch auf. Springen Sie sofort hinter die Grundlinie zurück, wenn die Wucht Ihres Aufschlages Sie ins Feld »katapultiert«. Damit beugen Sie allen Eventualitäten vor. Auch der gute Return Ihres Gegners kann Ihnen dann nichts anhaben.

Hinweise zum Aufschlag-Training: Da der gute Spieler weiß, daß nur er allein für die Qualität seines Aufschlages verantwortlich ist, trainiert er ihn regelmäßig. Machen Sie es ihm nach. Nehmen Sie sich wenigstens einmal pro Woche ca. 20 Minuten Zeit, Ihr Service als Ganzes zu trainieren. Versuchen Sie exakt, die Ecke anzuvisieren, die Sie sich vorgenommen haben. Beenden Sie das Üben erst dann, wenn Sie eine vorher festgelegte Anzahl von Versuchen ins Feld gebracht haben (z. B. auf ein im Aufschlagfeld fixiertes Ziel). Visieren Sie beide Ecken der Aufschlagfelder an, sagen wir ca. 15 Bälle pro Ziel. Üben Sie erste und zweite Aufschläge – vor allem zweite! – *und konzentrieren Sie sich vor jedem Aufschlag.*
Dazu ein Tip: Reden sie mit sich. Spornen Sie sich an und geben Sie sich gezielte Anweisungen:
»Höher werfen! Weiter nach links! Richtig, weiter so!«
Aber Vorsicht, nicht übertreiben. Viermal pro Woche zehn Minuten konzentriertes Servieren bringt mehr als einmal eineinhalb Stunden. Also, Ballkorb holen, rauf auf den Platz, Zielfläche markieren, locker machen (!), konzentrieren und aufschlagen…
Sie werden sich wundern, wie schnell Sie Fortschritte erzielen.

Return

Obwohl die Statistik eindeutig belegt, daß ca. ein Viertel der im Wettkampf vorkommenden Schläge Returns sind, wird dieser Rückschlag im Training meist sträflich vernachlässigt. Ob das damit zusammenhängt, daß der Return nicht als eigenständiger Schlag verstanden wird?

Ein Return kann eine Vorhand, eine Rückhand, ein Slice, ein Topspin, ein Lob, ein Stop, ein Cross, ein Longline, ein Verteidigungsball, ein Angriffsschlag und noch vieles mehr sein. Mit anderen Worten: Wenn wir Vorhand, Rückhand, Slice, Topspin usw. üben, dann üben wir auch Returns. Richtig und falsch. Richtig, weil wir tatsächlich beim Training all dieser Varianten

Thomas Muster bereitet sich auf einen seiner Returns vor.

Mit einem Sprung retourniert Becker auch erstklassige Aufschläge.

die technische Voraussetzung zum Return schaffen. Falsch, weil der Return nicht gegen einen Grundlinienschlag ausgeführt wird, sondern gegen den Aufschlag, und der ist weiß Gott sehr oft der Paradeball des Gegners. Dies gilt insbesondere bei schnellerem Bodenbelag, auf dem normalerweise dem Aufschlag und somit auch dem Return eine noch größere Bedeutung zukommt als beim Spiel auf den üblichen Sandplätzen. Wenn der Return im Netz hängenbleibt oder ins Aus fliegt, dann ist das Spiel genausowenig eröffnet wie durch einen Doppelfehler. Doppelfehler will man vermeiden. Deshalb übt man ja gelegentlich auch Aufschläge. Aber auf des Gegners Service wird oft sorglos draufgeballert, obwohl man die Rückschläge nie übt, geschweige denn zwei »Versuche« hat, wie beim Service. So gesehen ist der Return wahrscheinlich der schwierigste Schlag überhaupt!

Die Besten haben kapiert, wie matchentscheidend der Rückschlag ist. Deshalb lautet ihre Maxime: Der Return muß rüber, koste es, was es wolle! Und sie üben ihn dementsprechend. Wichtigste Voraussetzung für einen guten Return sind die optimale Bereitschaftsstellung und die optimale Bereitschaft, *körperlich wie mental.*

Was das Grundsätzliche angeht – Beinstellung und Körperhaltung –, so unterscheidet sich die Bereitschaftsstellung zum Return nicht wesentlich von der Bereitschaftsstellung an der Grundlinie (siehe S. 24). Da der Spieler sich jedoch sowohl mit dem As-Versuch seines Gegners als auch mit dessen oft recht unangenehm geschnittenen (zweiten) Service auseinanderzu-

setzen hat, muß er versuchen, sich gegen beide Aufschlag-Varianten gleichermaßen abzusichern.
Was machen die Besten? Muster z. B. (siehe Bild S. 53) erwartet den ersten Aufschlag zunächst meist tiefer unten: So kann er die flacher wegspringenden, extrem schnellen Aufschläge besser erreichen.
Seine Beine sind in dieser Stellung etwas weniger im Knie gebeugt. Der Oberkörper ist dadurch mehr nach vorne geneigt, in der Hüfte abgewinkelt. Durch diese Haltung wird seine normale Reichweite etwas vergrößert. Das hilft ihm auch, die gut plazierten schnellen Aufschläge zu retournieren, sei es mit einem Schlag, zu dem er nur mit einer Körperdrehung ausholt, sei es mit vollem Schwung.
Diese schwierigen, hauptsächlich von erstklassigen Reflexen abhängigen Returns gegen sehr schnelle Aufschläge, die zum Teil ja nur blockiert zurückgegeben werden, sind also – bezogen auf die Beinarbeit – eher aus einer mehr »statischen« Lauerstellung zu bewältigen. Alle anderen Returns, zu denen die Zeit ausreicht, sich in Position zu stellen, werden dagegen eher aus der Bewegung heraus geschlagen.

Stefan Edberg beim Return: konzentriert, kontrolliert, dynamisch.

Das »richtige« Stehen in der Bereitschaftsstellung, wenn es wie von vielen Normalspielern als eine Art »Ruhe-Stellung« verstanden wird, genügt alleine nämlich nicht, um die Voraussetzung zu einem guten Return zu schaffen. Aus diesem Grund haben sich die Besten, ähnlich wie beim Service, ein bestimmtes *Return-Ritual* zugelegt bzw. angewöhnt, auf das sie sich hundertprozentig verlassen können, garantiert es ihnen doch die oben angedeutete Bereitschaft zum erfolgversprechenden Rückschlag.

Unabhängig davon, ob sie nun die Beine ein paar Zentimeter mehr oder weniger gespreizt haben, ob sie eher aufrecht oder etwas mehr gebeugt stehen, den linken oder rechten Fuß vorgezogen oder zurückgestellt haben: Die Besten sind in Erwartung des Aufschlages *ständig in Bewegung!*
Dabei verlegen sie das Körpergewicht von vorne nach hinten oder von einer auf die andere Seite, ja viele bewegen sich ähnlich wie Schlittschuhläufer, die ruhig und rhythmisch ihre Runden auf dem Eis drehen, z.B. Borg. Dabei sind ihre Augen nur auf eines fixiert: den Ball.
In dem Augenblick dann, in dem der Gegner den Ball zum Service hochwirft, machen sie ein, zwei kleine Schritte dem Ball entgegen. Dann richten sie den möglicherweise zuvor in der ersten Phase der Bereitschaftsstellung in der Hüfte abgeknickten Oberkörper wieder auf. Manche Spieler, wie Graf z.B., springen auch – ähnlich wie beim Einnehmen der Drehscheibenposition – mit beiden Beinen gleichzeitig nach vorne, um auf diese Weise das so gefürchtete (und für den Return gefährliche) »Aus-dem-Schlag-Gehen« (d.h. Gewichtsverlagerung nach hinten) schon im Keime zu ersticken.

In der Hundertstelsekunde, in der die guten Spieler erkennen, wohin der Aufschlag gerichtet ist, beginnt ihre Ausholbewegung. Hervorragend demonstriert das Becker. Mit einer mehr oder weniger großen Schleife, oder nur mit einer Körperdrehung, abhängig vom Tempo des entgegenkommenden Balles sowie seiner Schlagabsicht, nimmt er den Schläger zurück und schlägt zu.
Bälle auf den Körper blockt er ab (wie eine Ballwand läßt er den Ball abprallen), jene, die extrem in die Ecke gespielt werden, versucht er mit einem Sprung seitwärts zu erreichen (siehe Bild S. 54).

Eine weitere wichtige Voraussetzung zum guten Return ist das Wissen, *wo* die Bereitschaftsstellung am effektivsten eingenommen werden kann. Auch da profitiert man am meisten, wenn man den Besten auf die Füße schaut, d.h. dahin, wo sie sich hinstellen.
Gegen Akteure, deren Aufschlagsqualitäten nicht bekannt sind, stellt sich der gute Spieler ungefähr einen Meter hinter die Grundlinie, etwa auf die Winkelhalbierende der bestmöglichen Aufschläge. In dieser »normalen« Bereitschaftsstellung hat er gleich gute Voraussetzungen zum Rückhand- bzw. Vorhand-Return.
Er verändert diese »normale« Return-Bereitschaftsstellung mehr nach links oder rechts,
- wenn sein Gegner sich weiter links oder rechts zum Aufschlag stellt,
- wenn er erreichen möchte, daß man mehr auf seine Vor- oder Rückhand serviert. Das heißt, wenn er seinem Gegner auf der Seite etwas mehr Raum anbieten möchte, auf der er besser retourniert. So kann er den Gegner dazu »zwingen«, auf seine starke Seite aufzuschlagen.

Er verändert seine »normale« Return-Bereitschaftsstellung mehr nach hinten (er gewinnt so mehr Zeit, seinen Schlag auszuführen, verringert aber seine Reichweite),
- wenn sein Gegner einen sehr schnellen Aufschlag hat,

- wenn sein Gegner regelmäßig sehr lang serviert,
- wenn er seinen Return in der Art eines Grundlinienschlages voll durchziehen will.

Er verändert seine »normale« Return-Bereitschaftsstellung mehr nach vorne (so vergrößert er seine Reichweite, hat aber weniger Zeit zur Schlagausführung),

- wenn sein Gegner einen langsameren Aufschlag hat, z. B. dessen zweites Service, das er aggressiv retournieren will,
- wenn er nach dem Aufschlag seines Gegners selbst ans Netz will (Return als Angriffs-Ball),
- wenn er öfters einen guten Stoppball einsetzen will.

Die dritte und vielleicht wesentlichste Voraussetzung zum erfolgreichen Return ist die mentale Bereitschaft. Nur wer hellwach, voll konzentriert, völlig entspannt und nicht zuletzt mutig ist, ist in der Lage und auch »bereit«, in Bruchteilen einer Sekunde zu klären, ob er »nur« reagieren kann oder ob auch ein Agieren möglich wäre. Die Qualität des Rückschlages hängt nicht zuletzt von dieser Entscheidung ab.

Gerade diesen mentalen Aspekt veranschaulicht uns Lendl besonders deutlich. So ist es schon beeindruckend, die Spannung in seinem Gesicht, die Wachsamkeit seiner Augen zu beobachten, wenn er das Service erwartet. Man spürt förmlich, wie er seinen Gegner fixiert, um ja kein Detail zu übersehen, was ihm vielleicht eine wichtige Information über die Absichten des Aufschlägers geben könnte. Nur so hat er eine gute Chance, möglichst früh zu erkennen, ob sein Gegner mit Slice oder Topspin serviert, das linke oder rechte Eck anvisiert, ans Netz kommt oder hinten bleibt. Und er kann seinen Return entsprechend darauf einstellen.

Und Lendl wird
- lange zur Grundlinie retournieren, wenn sein Gegner hinten bleibt,
- flach auf die vermeintlich schwächere Flugballseite retournieren oder kurz auf die T-Linie, wenn sein Gegner mit dem Service nach vorne kommt,
- um die Rückhand herumlaufen und zum aggressiven Vorhand-Winner ansetzen, wenn der schwache Aufschlag es ermöglicht
- oder variabel retournieren, damit sich sein Gegner nicht darauf einstellen kann.

In jedem Fall wird er – wenn es ihm der Gegner »erlaubt« – keinen Return ohne bestimmte Absicht zurückgeben. Das hat Lendl mit den anderen guten Spielern gemeinsam.

Also, machen wir's den Besten nach!

Versuchen Sie, jeden Return ins Feld zu spielen. Nehmen Sie dazu jene Return-Bereitschaftsstellung ein, in der Sie glauben, gegen alle Aufschläge gerüstet zu sein. Freuen Sie sich darüber, wenn Sie die schnellen Aufschläge »irgendwie« zurückbekommen. Retournieren Sie aber bewußt, mutig und energisch, wenn Ihnen Ihr Gegner die Chance dazu gibt.

Und üben Sie Returns. Verabreden Sie sich dazu mit Ihrem Partner. Lassen Sie ihn ca. zehn Minuten aufschlagen, während Sie Rückschläge üben. Dann wechseln Sie die Aufgaben. Auf diese Weise wird so ganz nebenbei auch Ihr Aufschlag sicherer.

Achten Sie bei diesem Training darauf, daß Sie nichts dem Zufall überlassen. Am besten funktioniert das, wenn Sie Richtung, Tempo und Art des Aufschlages Ihres Trainingspartners vorher festlegen. So können Sie gezielt und systematisch üben, was Ihren Return schneller, sicherer, genauer und somit erfolgreicher machen wird.

TECHNIK UND TAKTIK

Vier Aspekte, so scheint es, bilden die Voraussetzung dafür, wie sich ein Spieler taktisch verhalten kann:
- sein konditioneller Zustand, als Grundlage des Spiels überhaupt,
- seine technischen Fertigkeiten,
- seine psychische Stabilität, auf die in »Taktik und Psyche« ausführlich eingegangen wird sowie
- seine *Absichten* (Ziele), die das Spielgeschehen entscheidend beeinflussen können.

Zwei Beispiele:
1. Ein Ball des Gegners, der weder von seiner Schnelligkeit, seinem Drall noch von seiner Plazierung dem Angespielten Schwierigkeiten macht, kann cross **oder** longline zurückgegeben werden.
2. Ein auf die Rückhand herankommender Ball, der weder von seiner Schnelligkeit, seinem Drall noch von seiner Plazierung dem Angespielten Schwierigkeiten macht, kann mit Rückhand geschlagen **oder** umlaufen, d.h. mit Vorhand gespielt werden.

Es gibt also Spielentscheidungen – generelle und spontane –, die weder von der Technik, der Kondition noch der Psyche des Akteurs abhängig sind, sondern in erster Linie von dessen Absichten, ein Spiel zu gestalten. Aus zwei, drei Möglichkeiten, eine vorgegebene Situation in den Griff zu bekommen, kann bzw. muß sich der Spieler für eine frei entscheiden. Oft ist es leider genau die falsche.

Brad Gilbert, ein ausgebuffter und erfahrener Taktiker, stürzt gelegentlich mit jedem Schlag ans Netz oder schiebt die Bälle als »Angebote« seinem Gegner auf die T-Linie. Grundsätzlich bietet er immer das, was man nicht mag. Wen wundert's, daß keiner gern gegen den Amerikaner antritt?

Daß diese »Absichten« stark durch die damit bereits erzielten Resultate beeinflußt werden, ist verständlich. Und zwar nicht nur von den eigenen. Es ist naheliegend, daß auf die Erfahrungen der Besten auf diesem Gebiet hier eingegangen wird. Im folgenden werden daher allgemeine und spezielle Spielsituationen angesprochen, die der gute Spieler dadurch meistert, daß er sich technisch *und* taktisch korrekt verhält.

Schlagabsicht

Klar: Jeder will gewinnen. Das bezieht sich auf das Match, den Satz, das Spiel und genaugenommen auf jeden wichtigen Ballwechsel. Und da Ballwechsel aus Schlägen bestehen, geht der Wunsch der Spieler dahin, mit dem einzelnen Schlag erfolgreich zu sein. So gesehen verhalten sich die Besten und die anderen Spieler gleich. Betrachtet man deren einzelne Schläge jedoch genauer, sind, bezogen auf Schlaglänge, Schlagtempo und Schlagrichtung, große Unterschiede festzustellen. Während die Besten – und zwar alle! – stets bemüht sind, lang, plaziert und mit kontrolliertem Tempo zu spielen, schlagen die anderen Akteure oft zu kurz, zu schnell und in die falsche Richtung.

Länge und Tempo der Grundlinienschläge

Wer in der Lage ist, den Ball bewußt an die Grundlinie heranzuspielen – Bälle, die ca. 1 m vor der Grundlinie aufspringen, nennt man »lang« –, der hat das Kommando auf dem Platz. Das wird jeder bestätigen, der

Martina Navratilova, die vielleicht erfolgreichste Spielerin aller Zeiten, kann Länge, Tempo und Richtung ihrer Schläge nach Notwendigkeit variieren.

sich mit den penetrant langen Bällen seines Gegners herumschlagen muß. Wenn diese langen Bälle dazu noch schnell sind, hat man kaum Chancen, den Ballwechsel für sich zu entscheiden. Man muß zufrieden sein, den Ball so zurückzugeben, daß der andere nicht direkt punktet.

Wie machen die Besten den Ball lang?

Im Vergleich zu einem auf der T-Linie aufspringenden Ball muß ein langer Ball entweder bei gleichem Tempo höher angesetzt, bei gleicher Höhe schneller oder – in der Kombination – schneller und höher durchgezogen werden.
Schlagtempo und Schlaghöhe sind demnach dafür verantwortlich, wie lang ein Ball wird. Beckers voll durchgezogene Schläge, die von Grundlinie zu Grundlinie fliegen, überqueren die Netzkante in etwa 30 cm Höhe. Seine langsameren Slice-Bälle oder gar die mit Topspin gespielten segeln dagegen zwischen 2 und 4 m hoch übers Netz. Exakte Angaben über Geschwindigkeit oder Höhe zu machen, fällt jedoch sehr schwer, da Tempo ein vom individuellen Schlagrhythmus abhängiger relativer Begriff ist und darüber hinaus sehr von der Schlagart beeinflußt werden kann.
Viele Spieler verhalten sich jedoch falsch, wenn sie die Möglichkeit haben, selbst Druck auszuüben. Zu riskant und zu schnell sind oft genug ihre Schläge aus sogenannten aussichtsreichen Situationen. Natürlich ist es richtig, das Tempo zu forcieren, wenn der Gegner es ermöglicht. Aber man darf sich nicht überfordern. Ein Beispiel aus der Leichtathletik: Wer nur 1,90 m hoch springen kann, sollte die Latte nicht ständig auf 2,40 m legen. Das beabsichtigte Ziel und die zum Erreichen vorhandenen technischen und körperlichen Möglichkeiten sollten in einem vernünftigen Verhältnis stehen.

Da, wo sich der Schwede am wohlsten fühlt: Mats Wilander an der Grundlinie.

Wie wehren sich die Besten gegen die langen Bälle ihrer Gegner?

Wird der gute Spieler durch langes und/oder schnelles Spiel in die Enge getrieben, will er nicht nur den Ball zurückspielen, sondern möglichst auch den Druck loswerden. Dazu benötigt er Zeit!
Nehmen Sie Wilander. In einer Situation wie dieser versucht er grundsätzlich, den Ballwechsel zunächst zu *neutralisieren.* Das heißt, er ist bereit zu akzeptieren, daß er im Augenblick dem Gegner ausgeliefert ist. Deshalb geniert er sich auch nicht, die Bälle viele Meter hoch übers Netz zurückzuspielen, wenn er sich damit Luft verschaffen kann. Mit vollem Schwung kontert er nur, wenn er die Situation technisch im Griff hat. Nur dann! Wilander hat gelernt, auf seine Chance zu warten. Es hat sich ausgezahlt.
Die anderen Spieler reagieren oft eigenwillig. Obwohl sie technisch viel weniger in der Lage sind, dem Druck der schnellen, langen Bälle Stand zu halten, riskieren sie lieber. Nur ungern wollen sie sich eingestehen, nichts oder fast nichts gegen den Schlag des Gegners ausrichten zu können. Sie überschätzen sich und verlieren so Ballwechsel, die sie mit etwas Geduld auch für sich hätten entscheiden können.

Also, machen wir's den Besten nach!

Wie lang, wie schnell soll nun wirklich gespielt werden? Jenes Schlagtempo, jene Schlaglänge sind für den Akteur »richtig«, die er beherrschen kann. Beherrschen heißt kontrollieren. Das kann man von den Besten lernen, die genau wissen, daß unkontrolliertes Tennis schlechtes Tennis ist!

Probieren Sie es also aus. Fangen Sie Ihr Training z.B. mit einem Vorhand-Cross an. Zielen Sie mit Ihrem normalen Tempo ca. 1 m hoch über das Netz (oder höher), wenn sie feststellen, daß Ihr Ball stets zu kurz gerät.

Dazu ein Tip: Schlagen Sie zunächst bewußt so nah wie möglich an die Grundlinie heran. Vergessen Sie die Bälle, die zu lang sind. Versuchen Sie, Schlagtempo und -höhe dieser extrem langen Schläge zu »erfühlen«. Üben Sie so etwa eine Viertelstunde. Erst dann das Tempo und die Flughöhe Ihrer Bälle etwas verringern.

Mit dem Trick, sich von *hinten* anzuspielen, verschwindet die Angst vor dem »Aus-Ball«! Jetzt wird Ihr Arm locker durchschwingen, eine Voraussetzung zum langen Grundlinienschlag.

Trainieren Sie diese Bälle regelmäßig, bis das Unterbewußtsein »Ihre« Höhe akzeptiert hat.

Welches die von Ihnen *kontrollierbare* höchste Schlaggeschwindigkeit beim normalen Ballwechsel ist, müssen Sie durch Experimentieren herausfinden. Nehmen Sie das Tempo aus Ihren Schlägen oder ziehen sie noch aggressiver durch, je nachdem, damit Ihnen das Verhältnis von Schlaggeschwindigkeit zu Schlagkontrolle deutlich bewußt wird. Schon nach verhältnismäßig kurzer Zeit werden Sie »Ihr« Schlagtempo kennen, zu dem Sie dann voller Überzeugung stehen können und müssen.

Weit häufiger als im Aus, landen die Bälle im Netz, obwohl es für das Grundlinientennis keine vernünftige technische Begründung gibt, nach unten zu schlagen.

Vermutlich hängt das damit zusammen, daß das Unterbewußtsein das »durchsichtige« Netz nicht als echtes Hindernis akzeptiert. Stellen Sie sich deshalb einmal vor, Sie würden über eine Mauer spielen. Sofort werden Sie kaum noch einen Ball gegen die Mauer (ins Netz) schlagen. Übungsspiele, bei denen über das Netz eine Plane gehängt wurde, haben dies bestätigt.

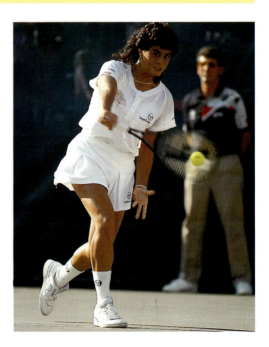

Gabriela Sabatini bei einem ihrer gefürchteten Rückhand-Longline-Schläge. Mit diesem Ball, den die Argentinierin wie kaum eine andere beherrscht, bringt sie immer wieder ihre Gegnerinnen in ärgste Bedrängnis.

Die Richtung der Grundlinienschläge

Cross oder Longline, das ist stets die Frage. Ist diese Alternative nicht für alle gleich? Selbstverständlich, aber viele Spieler entscheiden sich falsch.

Zunächst vergessen viele, daß der Cross der mit Abstand sicherste Schlag ist. Sie spielen – auch unter erheblichem Druck – immer wieder den Longline und wundern sich, daß der Ball so oft sein Ziel verfehlt.

Zweitens entscheiden Sie sich für eine Richtung, unabhängig davon, ob der Ball longline oder cross auf Sie zukommt. Sie übergehen dabei die Tatsache, daß richtungsändernde Schläge immer riskant sind. Am technisch schwierigsten ist es darum zweifellos, einen cross heranfliegenden Ball longline zu schlagen. Schon die geringste Unsicherheit der Schlagstellung kann den Longline-Erfolg in Frage stellen. Viele Spieler reizt jedoch dieser meist spektakuläre Ball, ohne daß sie dabei berücksichtigen, wie gering die Chance auf Erfolg oft ist.

Monica Seles, die so erfolgreiche Jugoslawin, kann dank ihrer beidhändigen Schlagführung (Vorhand und Rückhand!) auch auf beiden Seiten im letzten Moment die Schlagrichtung ändern.

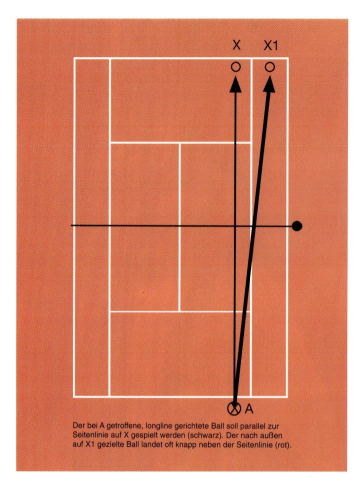

Der bei A getroffene, longline gerichtete Ball soll parallel zur Seitenlinie auf X gespielt werden (schwarz). Der nach außen auf X1 gezielte Ball landet oft knapp neben der Seitenlinie (rot).

Ähnliches würde passieren, wenn sie neben der Seitenlinie zum Longline ansetzen würde. Das noch zur Verfügung stehende »Zielfeld« (siehe Grafik S. 65) ist derart begrenzt, daß nur »Sonntagsschüsse« es erreichen würden. Daher spielt sie, wenn sie noch eine geringe Erfolgschance sieht, diese Schläge cross, zumal sie so, als Nebeneffekt sozusagen, sowohl weniger weit laufen muß, als auch mehr Zeit hat, zur Platzmitte zurückzukommen, um das Feld wieder optimal abzudecken (siehe dazu »Spiel ohne Ball«, S. 67). Daß die Besten gelegentlich trotzdem versuchen, die äußerste Ecke des gegnerischen Feldes anzuvisieren, hängt damit zusammen, daß sie, ganz aus dem Platz getrieben, ohnehin nur mit einem äußerst risikoreichen Glücksschlag Erfolg haben können. Ausnahmen bestätigen die Regel.

Der gute Spieler verzichtet deshalb auf diesen attraktiven Schlag, wenn er nicht überzeugt davon ist, ihn ins Feld zu bekommen. Sabatini z. B., die diesen Longlineschlag besonders gut beherrscht, entscheidet erst im letzten Moment darüber, ob der Ball kontrolliert der Linie entlang gespielt werden kann. Dann stellt sie sich optimal in Seitstellung und zieht den Schlag voller Selbstvertrauen durch: exakt parallel zur Seitenlinie. Das hört sich irritierend an, denn jeder Longline ist doch ein der Linie entlang gerichteter Schlag. Parallel ist hier wörtlich genommen, d. h. Sabatini hütet sich davor, bewußt nach außen zu zielen. Schon ein paar Millimeter zu spätes Treffen könnte den Ball dann tatsächlich dahin segeln lassen, wohin er gezielt wurde: ins Seitenaus!

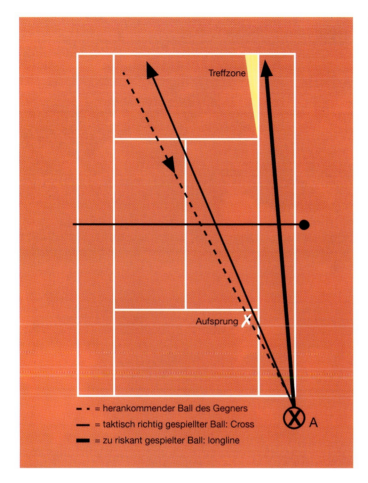

- - - = herankommender Ball des Gegners
— = taktisch richtig gespielter Ball: Cross
▬ = zu riskant gespielter Ball: longline

Also, machen wir's den Besten nach!

Wenn Sie unter Druck sind, sollte die Schlagrichtung cross heißen. Der Cross ist der weitaus sicherere Schlag.
Wenn Sie sich jedoch zum Longline entschließen, dann sollten Sie dazu die bestmögliche Seitstellung einnehmen. Schlagen Sie unbedingt exakt parallel zur Seitenlinie. Keinesfalls sollten sie der Versuchung nachgeben, den äußersten »Zipfel« des Feldes anzupeilen, oder auf die Linien zu zielen. Vielleicht empfiehlt es sich, einen Sicherheitsabstand von ca. $\frac{1}{2}$ m einzuhalten. Auch so werden noch genug Bälle auf den Linien landen, aber weniger daneben.
Nochmal: im Zweifel den Schlag nach innen ziehen, denn der schönste Longline, der einen Zentimeter danebengeht, taugt nichts.

Die Ziele Ihrer Grundlinienschläge, bezogen auf Länge, Tempo und Richtung, sind Ihnen bekannt. Jetzt liegt es an Ihnen. Nehmen Sie sich die Zeit, daran zu arbeiten. Nur so werden Sie in der Lage sein, mit Ball und Gegner (!) das zu machen, was Ihren technischen und körperlichen Fähigkeiten entspricht. Stecken Sie Ihre Schlaggrenzen ab. Es lohnt sich.

Rückhand-Longline-Training. Nur wer auf dem Übungsplatz seine Schläge in den Griff zu versuchen bekommt, kann sich im Match auch auf sie verlassen. Das gilt auch für Wimbledon-Sieger.

Spiel ohne Ball

Im Tennis ist es nicht anders als beim Fußball, Handball oder anderen Ballsportarten: Das Spiel mit dem Ball ist eine Sache, das Spiel ohne Ball eine andere. Es ist aber keinesfalls weniger wichtig, richtet es sich doch nach dem Ball, nach dem Gegner und nach der jeweiligen, eigenen Spielabsicht. Diese drei Vorgaben, richtig aufeinander abgestimmt, ermöglichen dem Spieler, seine technischen Fertigkeiten kontrolliert, d. h. optimal einzusetzen.

An der Grundlinie

Das Laufen zur Schlagposition

Der gute Tennisspieler ist ständig unterwegs: Entweder er läuft zum Ball hin, weil er ihn schlagen will, oder von ihm weg, weil er ihn geschlagen hat. Das erledigt er so schnell wie nötig und so ökonomisch und ruhig (ohne Hast) wie möglich.

So einfach, wie sich das hier anhört, ist dies jedoch nicht. Abgesehen von der persönlichen Grundschnelligkeit gibt es Akteure, die immer hastig wirken, d. h. ständig unter Zeitdruck stehen und solche, die den Eindruck vermitteln, stets rechtzeitig und richtig am Schlagort zu stehen. Zu letzteren gehören die Besten. Sie wissen exakt, wohin sie sich bewegen müssen, um den Ball optimal schlagen zu können, welches der günstigste Weg dorthin ist (Laufrichtung), und sie beherrschen die geeignete und dazu notwendige Lauftechnik. Darüber hinaus kennen sie – das wird sehr oft gewaltig unterschätzt – das Laufziel **nach** dem gelungenen Schlag, den Ort also, den sie aufsuchen müssen, um den Platz optimal abzudecken. Dieses Laufziel ist sehr oft mit dem Laufen zur nächsten Schlagposition identisch und, so gesehen, »richtungweisend«.

Stefan Edberg unter Druck. Der Schwede rettet sich mit einem Schlag weit hinter der Grundlinie, den er hoch zurückgibt.

Wie und in welche Richtung man auf den Ball zuläuft, hängt von der Schlagabsicht (man läuft dem Ball entgegen, will man ihn z. B. wie Agassi im Steigen nehmen), vom Tempo des entgegenkommenden Balles sowie der Stelle ab, wo er voraussichtlich aufkommen wird. Blitzschnell muß entschieden werden, ob man mit dem Ball noch etwas »unternehmen« kann (Schlagabsicht) oder ob man zufrieden sein muß, ihn überhaupt noch zu erreichen, d. h. ihn irgendwie übers Netz zu bugsieren.

In beiden Fällen wird sofort losgerannt. Viele Spieler tun dies jedoch zu direkt. Sie stürzen auf dem kürzesten Weg zum wahrscheinlichen Tatort, ohne dabei zu berücksichtigen, daß sie dort ja noch schlagen müssen.
Andere wiederum zögern und weichen fast grundsätzlich nach hinten aus, ohne daß sie von der Länge oder dem Tempo des herankommenden Balles bedrängt werden. Wieder andere scheinen die Grundlinie als eine Art Barriere zu verstehen, die man nur im alleräußersten Notfall nach vorne überschreiten darf. Einen Ball ohne dringende Notwendigkeit auf oder gar vor der Grundlinie zu treffen, würde ihrem ganzen Spielverständnis widersprechen.

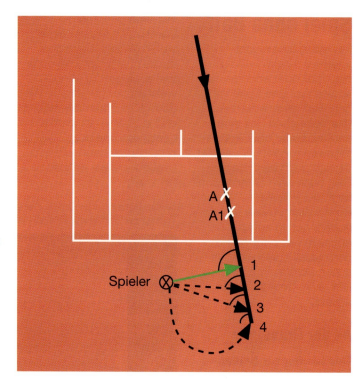

Aus der Grafik kann man entnehmen, daß der bei A bzw. A 1 aufspringende Ball an vier verschiedenen Stellen zurückgespielt werden kann. (Der cross ankommende Ball soll cross zurückgegeben werden.)
1. Der Spieler läuft, wie Agassi oder Seles es meist tun, so schräg nach vorne dem Ball entgegen, daß seine Laufrichtung mit der Flugbahn des herankommenden Balles in etwa einen rechten Winkel bildet. So kann er ihn technisch sauber und früh (eventuell sogar im Steigen) schlagen.

Dieser früher getroffene Ball ist schneller zum Gegner unterwegs, was diesen unter zusätzlichen Druck setzt. Außerdem kann der Spieler von der vom Gegner auf den Ball übertragenen Energie mehr profitieren, als wenn er den Ball weiter hinten treffen würde, d. h., bei gleichbleibendem eigenen Schwungtempo wird der früher getroffene Ball schneller.
2. Der Spieler läuft – wie meistens üblich – etwa parallel zur Grundlinie zum Ball, kann aber nicht mehr ganz so locker cross schwingen.

3. Der Spieler läuft nach hinten. Er muß gegen seine Schlagrichtung (Körper) schlagen, was als Cross nur schwer funktioniert. D.h., durch seine Laufrichtung gibt er seine Absicht über die wahrscheinliche Schlagrichtung (longline) preis.
4. Der Spieler versucht, wie Edberg deutlich demonstriert (siehe Bild S. 67), Zeit zu gewinnen. Er läuft im Bogen von hinten an den eher bei A 1 aufgesprungenen, langen Ball heran. Von da kann er, wie bei 1, optimal zuschlagen (wenn auch etwas später), was vor allem seiner Schlagkontrolle zugute kommt. Allerdings hat auch Edbergs Gegner auf diese Weise Zeit gewonnen, um sein Feld gegen dessen Schlag gut abzudecken.

Also, machen wir's den Besten nach!

Gerade dieses Laufen zur Schlagposition sollten Sie unbedingt üben. Lassen Sie sich vom Netz aus Bälle (Ballkorb) mit unterschiedlichem Tempo und unterschiedlicher Länge in die Ecke spielen. Entscheiden Sie schnell, ob Sie bei 1 oder 4 zuschlagen. Schenken Sie dabei der Grundlinie keinerlei Beachtung. Sie hat keineswegs die Funktion wie etwa die Kreislinie beim Handball, die nicht überschritten werden darf. Erst nach bewußtem Trainieren werden Sie beurteilen können, wie sehr die Laufrichtung zum optimalen In-Schlagposition-Gehen den Wirkungsgrad Ihrer Schläge positiv beeinflussen wird.

Das Abdecken des Platzes an der Grundlinie

Für jeden Ball, der die Schlägerfläche in Richtung Gegner verläßt, gibt es eine Position, von der aus man die beste Voraussetzung hat, den möglichen Rückschlag des Gegners optimal abzudecken.
Wo liegt diese Position? Richtig, es hängt davon ab, wo man den Schlag ausgeführt und wohin man den Ball gespielt hat.
Viele Spieler glauben – und handeln dementsprechend –, daß die optimale Position zum Abdecken des Spielfeldes die Platzmitte ist, d.h. also, auf der Mitte der Grundlinie liegt. Deshalb bewegen sie sich nach ihrem Schlag auch meistens dorthin – mehr instinktiv als bewußt –, und können dann trotzdem nicht verhindern, von dort zum nächsten Schlag hasten zu müssen. Warum? Weil die Idealposition zum Abdecken ihrer Platzhälfte eben nicht immer auf der Mitte der Grundlinie liegt, sondern auf der Winkelhalbierenden für die bestmöglichen Rückschläge des Gegners. Dies trifft auf dessen Returns genauso zu wie auf seine Passier- oder Grundlinienschläge. Und diese Winkelhalbierende verläuft, wenn man vom Schlag des Gegners aus dessen Platzzentrum einmal absieht, eben nicht grundsätzlich über die Platzmitte.

Um stets aggressiv zu spielen und somit durch ständigen Druck ihre Gegnerinnen zu zermürben, versucht Monica Seles jeden Ball im Steigen zu treffen.

Beobachten Sie einmal Graf, die man als eine typische Grundlinien-Spielerin bezeichnen kann, wie sie nach jedem Schlag den Platz vorbildlich abdeckt.

Schlägt sie einen Vorhand-Cross von Z nach X, können die bestmöglichen Rückschläge vom Gegner als kurzer Cross bei 1 oder als Longline bei 2 landen. Die Winkelhalbierende dieser Rückschläge verläuft

Nur wenige Spielerinnen beherrschen das Abdecken des Platzes an der Grundlinie wie Steffi Graf. Daß sie hinten ausgespielt wird, kommt daher recht selten vor.

nun nicht durch die Mitte der Grundlinie M, sondern seitlich davon durch A. Genau dorthin begibt sich Graf, um den Rückschlag ihrer Gegnerin von X zu erwarten. Hätte sie dagegen einen Longline von Z nach Y gespielt, würde die Winkelhalbierende der von dort zu erwartenden bestmöglichen Rückschläge durch A 1 führen. Richtigerweise müßte Graf also bis A 1 laufen, um den Platz optimal abzudecken. Aus Erfahrung weiß sie jedoch, daß die Mitte M als Laufziel »genügt«.

Daraus ergibt sich:
- Die Idealposition für das Abdecken des Platzes gegen den Rückschlag des Gegners ist A nach einem Cross bzw. A 1 oder wenigstens M nach einem Longline.
- Von der Schlagposition Z aus ist der Weg zu A kürzer als zu A 1 (M).
- Wenn man nach dem Schlag – egal ob offensiv oder defensiv – sofort diese entsprechenden Positionen einnimmt, ist der Platz optimal abgedeckt.

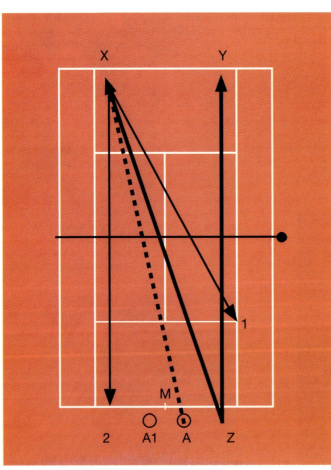

Also, machen wir's den Besten nach!

Nehmen Sie wie Graf nach dem Cross-Schlag die oben erwähnte Position A ein. Sie brauchen also nicht bis zur Mitte zu laufen, was Sie vielleicht bisher in bester Absicht getan haben. Vor allem wenn Sie unter Zeitdruck stehen oder Kräfte sparen müssen, haben Sie jetzt einen weiteren Grund dafür, den Cross-Rückschlag dem ohnehin riskanteren Longline vorzuziehen. Probieren Sie dies unbedingt aus. Es wird sich schnell bezahlt machen. Jeder Schritt, den Sie sinnvoll sparen können, lohnt sich. (Der Cross kann ja bekanntlich ca. 1,25 m länger als der Longline gespielt werden, d.h. er ist auch entsprechend länger unterwegs, was zusätzlichen Zeitgewinn bedeutet!) Trotzdem, den der Linie entlang gespielten Ball nicht ganz vernachlässigen. Auf der Platzmitte (M) können Sie die entsprechenden Rückschläge des Gegners gut abdecken.

Am Netz

Das Einnehmen der Drehscheibenposition

Genau wie an der Grundlinie gibt es auch am Netz vorne eine Position, von der aus man die besten Voraussetzungen hat, die möglichen Passierschläge des Gegners optimal abzudecken.
Gemeint ist die Drehscheibenposition, die vom guten Spieler stets im Eiltempo eingenommen wird, nachdem er mit dem Aufschlag oder einem Angriffsball aus dem Mittelfeld zum Netz vorgekommen ist. Von dort springt er dem Passierball entgegen, um mit einem Flugball den Punkt zu gewinnen.

»Split-Position« und »Balance-Hop« nennt man im Englischen diese Flugballausgangsstellung. Die Bezeichnung Split-Position bezieht sich auf die rein technische Seite der Drehscheibenposition. Der nach vorne laufende Spieler spreizt (Split) beim Einnehmen dieser Position die Beine, um in einer zumindest angedeuteten Seitgrätschstellung – Knie gebeugt – den Schlag des Gegners zu erwarten.
Balance-Hop (Balance-Sprung) verdeutlicht zum einen, daß die Drehscheibenposition meist mit einem Sprung (Hop) eingenommen wird, zum anderen, daß die Körperbalance unbedingt gewährleistet sein muß, wenn der Ans-Netz-Stürmende kurz abbremst, um nach links oder rechts dem Passierball entgegenzuspringen, analog einer »Drehscheibe«, auf der eine Lokomotive aufs richtige Gleis gebracht wird.

Warum nehmen die Besten nun grundsätzlich diese Drehscheibenposition ein? Das Abstoppen kostet doch Zeit und zieht somit Raumverlust nach sich? Der Spieler würde, wenn er schnurstracks hinter dem Ball her ans Netz rennen würde, so wie es viele der anderen Akteure tun, doch ein, zwei Schritte weiter vorne sein, wo der Flugball einfacher zu schlagen ist?

Das direkte Nach-vorne-Laufen wäre wünschenswert, wenn der entgegenkommende Ball stets innerhalb der Reichweite des Angreifers zu vollieren wäre. Ist der Passierball jedoch besser gelungen, muß der Netzspieler sich gehörig strecken, um den Ball zu erreichen. Doch wegen der damit verbundenen Balanceprobleme wäre ein sauberer Flugball dann kaum möglich. Die Masse Körper, die sich geradlinig vorwärtsbewegt, muß deshalb zumindest leicht abgebremst werden, um in eine andere Richtung umdirigiert werden zu können.

Wann man in die Drehscheibenposition einspringt, kann niemand besser demonstrieren als Edberg: kurz bevor der Return oder Passier-Ball gespielt wird. Mit anderen Worten: Der Schwede läuft so lange und so schnell es ohne Hast möglich ist nach vorne, bis der Gegner zuschlägt. Unmittelbar davor bremst er kurz ab, wobei er gleichzeitig in die Knie geht. Im Idealfall laufen Ballkontakt des Gegners (Passierschlag) und Edbergs Einnehmen der Drehscheibenposition synchron. Das Abstoßen aus der Kniebeuge in die gewünschte Richtung zum Flugball kann er dann problemlos durchführen.

Das Abdecken des Platzes am Netz

Wo die Drehscheibenposition eingenommen werden soll, ist klar: möglichst weit vorne und auf der richtigen Seite. Abhängig sowohl vom Tempo des Returns als auch von der Geschwindigkeit des Nach-vorne-Laufenden kann dies vor der T-Linie, auf der T-Linie oder – bei sehr schnellen und geschickten Spielern – auch einen halben Meter hinter der T-Linie sein, jeweils vom Angreifer aus gesehen.

◁ Stefan Edberg in optimaler Drehscheiben-Position. Der Passierball kann kommen.

Wo nun liegt diese Drehscheibenposition? Auf der Winkelhalbierenden der bestmöglichen Rückschläge (Passierbälle) des Gegners, ca. 3 bis 4 m vom Netz entfernt, bei N 1 bzw. N 2 (siehe Grafik).

Wenn Sie Edberg einmal auf seinem Weg zum Netz genau beobachten, werden Sie folgendes dabei feststellen: Greift er mit einem Vorhand-Longline die Rückhand von Lendl z.B. an, versucht er, die Drehscheibenposition ca. 1 m rechts neben der Mittellinie einzunehmen. Attackiert er mit seinem herrlichen Rückhand-Cross die gleiche Rückhand-Ecke von Lendl, muß er die gleiche, jetzt weiter entfernte Drehscheibenposition einnehmen, will er eine Chance haben, Lendls Rückhand-Longline-Passierball zu erreichen. Aus Respekt vor der gefähr-

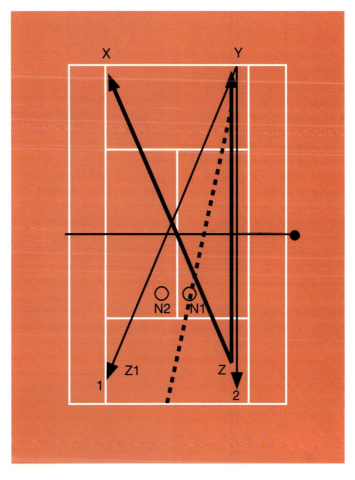

lichen Vorhand von Lendl zieht er den Rückhand-Cross-Angriff (von Z 1 nach Y) mit dem weiteren Weg nach der Drehscheibenposition N 1 dem Rückhand-Longline-Angriff nach X mit der näher gelegenen Drehscheibenposition N 2 vor. Die Grafik verdeutlicht diese Situation:

- Die ideale Drehscheibenposition und somit das Laufziel nach einem Longline-Angriff von Z läge bei N 1, nach einem Cross-Angriff bei N 2.
- Der Weg von der Schlagposition Z zu N 1 ist kürzer als der zu N 2. Die korrekte Angriffsrichtung von Z wäre daher longline.
- Wird nach dem Angriffsschlag die entsprechende Drehscheibenposition sofort eingenommen, ist der Platz optimal abgedeckt.

Ob man nun von Z aus grundsätzlich longline angreift, weil die Drehscheibenposition N 1 näher liegt, man also schneller zur Stelle ist bzw. einen Schritt näher zum Netz rankommt, hängt vor allem von der Qualität der entsprechenden Passierbälle ab. Wäre der Rückhandpassierball z. B. eine Klasse besser als der aus der Vorhandecke, würde die nähere Drehscheibenposition N 1 nicht allzuviel nützen. Der Angriff auf die schwächere Seite hätte Priorität! Bei Edberg–Lendl wäre es Lendl's Rückhandecke.

Ob nun Edberg die Theorie bestätigt oder ob die Theorie nach den Aktionen der Besten formuliert wurde, ist unwichtig: Sie präsentieren sich deckungsgleich – und nur das zählt.

Also, machen wir's den Besten nach!
Wenn Sie beim nächsten Trainingsspiel mit Ihrem Aufschlag oder Angriffsball ans Netz vorstürmen, sollten Sie keine Zeit verlieren. Behalten Sie den Gegner im Auge, denn Bruchteile von Sekunden entscheiden über die Qualität Ihrer Flugballausgangsposition. Stoppen Sie rechtzeitig ab – nur andeutungsweise natürlich –, damit Sie ohne Hast die Drehscheibenposition einnehmen können. Stoßen Sie sich unmittelbar nach dem Grätschen der Beine und dem Beugen der Knie in die Richtung des entgegenkommenden Balles ab. Üben und Spielerfahrung wird Ihnen den Ihrer Laufgeschwindigkeit, Sprungkraft und Reichweite entsprechenden Zeitpunkt sowie (analog der Grafik Seite 73) den Ort zum Einnehmen der für Sie idealen Drehscheibenposition vermitteln.

Anmerkung:
Der Vollständigkeit halber sei noch erwähnt, daß beim Netzangriff der Kurz-Cross bei den »bestmöglichen« Rückschlägen des Gegners nicht berücksichtigt wird. Würde man ihn auch abdecken wollen, würde die Winkelhalbierende durch die Platzmitte verlaufen, was dazu führen würde, daß ein halbwegs guter Longline, den jeder Durchschnittsspieler auch unter Druck zu spielen in der Lage ist, kaum mehr zu erreichen wäre. Der für den Gegner schwierigste Passierball – der Kurz-Cross – wird diesem also freiwillig überlassen.

Nach dem ersten Volley rückt Martina Navratilova weiter vor, deckt den Platz erneut sicher ab.

Spezielle Angriffssituationen

Das Angreifen mit dem Aufschlag

Zweifellos gehört es zum Interessantesten, was das Tennis zu bieten hat: das Aufschlag-Flugball-Spiel. Aber auch zum Schwierigsten, denn es werden sowohl hohe Anforderungen an Schnelligkeit, Beweglichkeit sowie das Reaktionsvermögen (Reflexe) gestellt, als auch besondere technisch-taktische Fähigkeiten vorausgesetzt. Und ein guter Schuß Mut. Ängstliches Nach-vorne-Stürmen funktioniert nicht. Dies gilt insbesondere für die langsameren Sandplätze, die das hier angesprochene Angriffstennis erschweren.

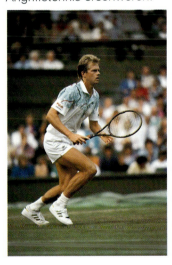

◁ Mit kleinen Startschritten, in vorbildlich geduckter Haltung, Stefan Edberg auf dem Weg zum Netz.

△ Pete Sampras hat serviert. Jetzt startet er zum Netzangriff.

Die Schwierigkeiten, mit denen der Aufschlag-Volley-Spieler konfrontiert ist, sind bekannt. Deshalb geht der Durschschnittsspieler im Einzel mit dem Aufschlag nur selten nach vorne. Er unterstellt, daß er den hohen Anforderungen an sein Tenniskönnen nicht gewachsen ist, ohne es richtig ausprobiert zu haben. Wohlbemerkt richtig, so wie es die Besten vormachen. Denn erst danach kann man entscheiden, ob das eigene Tennisglück ausschließlich an der Grundlinie liegt.

Richtig vorgehen heißt, die zum Angriff günstigen Möglichkeiten zu erkennen und die Voraussetzungen zu schaffen, diese auch ergreifen zu können.
Gerade dieses Erkennen der günstigen Möglichkeiten bereitet Probleme. Das fängt schon beim Service an. Wohin soll es gesetzt werden? Nach außen, was die gegen den Return abzudeckende eigene Platzfläche vergrößert, aber das ganze gegnerische Feld für den ersten Volley öffnet, so wie es Navratilova und Noah mit ihren Slice-Aufschlägen bevorzugen? Nach innen, was einen einfacheren Flugball vermuten läßt (innerhalb der Reichweite) aber auch einen in der Platzmitte lauernden Gegner?
Läßt man diese Überlegungen unberücksichtigt und

Technisch besser als der australische Wimbledon-Sieger es hier zeigt, geht's nicht. Pat Cash beim »ersten« Volley.

serviert stur dahin, von wo man des Gegners schwächeren Return erwartet? Schlägt man riskant auf, wie Sampras und Becker es gerne tun, damit der Gegner allein vom Tempo des Aufschlages her schon Schwierigkeiten hat, man selbst aber weiter vom Netz weg schon in die Drehscheibenposition muß? Oder bevorzugt man einen stark geschnittenen, langsameren Aufschlag, wie es Cash und Edberg demonstrieren, damit man etwas näher ran kann, also der Flugball leichter erscheint?

Läuft man taktisch korrekt vor, d. h. auf der Winkelhalbierenden der bestmöglichen Rückschläge des jeweiligen Gegners, oder bietet man diesem auf der Seite mehr »Platz« zum Return an, auf der man den besseren Flugball spielt? Hat es überhaupt Sinn, vorzugehen, wo man doch weder zu den Schnellsten noch den Beweglichsten gehört?

Machen Sie sich die Mühe und versuchen Sie auf die hier angesprochenen Punkte eine Antwort zu finden. Prüfen Sie sorgfältig, ob Sie sich dabei auch nichts vormachen. Nur der praktische Test auf dem Tennisplatz kann Aufschluß darüber geben, denn es ist in der Tat nicht damit getan, einfach so ans Netz zu rennen: Man sollte genau wissen, wie man es tut und warum man es tut.

Zweierlei sollten Sie in jedem Fall den besten Netzstürmern wie Cash, Edberg, Navratilova oder Becker unbedingt nachmachen, egal ob sie regelmäßig oder nur im Ausnahmefall nach vorne stürmen.

- Gehen Sie grundsätzlich davon aus, daß der Aufschlag, mit dem Sie vor wollen, ins Feld geht. Laufen Sie also sofort los, wenn der Ball den Schläger verlassen hat. Tun Sie dies, so schnell Sie können, ohne sich dabei zu überhasten, denn jeder Schritt, den Sie näher am Netz sind, kommt Ihrem Volley zugute.

  Viele Spieler zögern dabei, ja es scheint, als warten sie ab, ob ihr Service tatsächlich gut ist, bevor sie weiterlaufen. So glauben sie Kraft und Energie zu sparen und vergessen dabei, daß ein derart verspätetes Vorgehen kaum Aussicht auf Erfolg hat.

  Beobachten Sie einmal Edberg, wo dieser abstoppt, wenn der Schiedsrichter »Fehler!« ruft: Beinah da, wo er auch beim gültigen Service hingespurtet wäre.

- Stellen Sie sich die richtige Aufgabe. Sie heißt nicht nur Aufschlag-Volley, sondern aufschlagen, vorlaufen, Drehscheibenposition einnehmen und springen zum Flugball. Ja, jeder Abschnitt dieses Handlungsablaufs muß bewußt und so gut wie möglich ausgeführt werden. Nach dem Aufschlag muß also das Einnehmen der Drehscheibenposition Ihr erstes Ziel sein. Erst dann sollten Sie sich um den bevorstehenden Flugball kümmern, weil Sie nur so eine echte Chance zum Punktgewinn haben.

Auch mit zwei Händen kann man erstklassig vollieren: Die Amerikanerin Mary-Joe Fernandez beweist es immer wieder.

Also, machen wir's den Besten nach!

Folgen Sie Ihrem Aufschlag »richtig« nach vorne. Finden Sie in Trainingsspielen gegen unterschiedliche Gegner heraus, ob Sie sich zum Aufschlag-Volley-Spiel eignen. Geben Sie nicht gleich auf, wenn Sie die ersten Flugbälle verpatzen, die Returns Ihres Partners Ihnen unerreichbar erscheinen. Dazu noch eine kleine Übung, wie man das Einnehmen der Drehscheibenposition sowie den ersten Flugball bzw. das dazu notwendige In-die-Knie-Gehen gut trainieren kann. Schlagen Sie auf (Ihr Aufschlag soll nicht retourniert werden!), lassen Sie den Schläger fallen, laufen Sie vor. In dem Moment, in dem Ihnen der am Netz postierte Partner einen zweiten Ball aus der Hand zuspielt (etwa so, daß er auf der T-Linie aufspringen würde), nehmen Sie die am Boden markierte Drehscheibenposition ein. Von dort springen Sie dem Ball entgegen, den Sie mit Ihrer rechten Hand aufzufangen versuchen, bevor er den Boden berührt. Wenn diese Übung klappt, wird der Schläger nach dem Service nicht mehr weggelegt; der zugespielte Ball des Partners wird volliert.

Ivan Lendl zieht seine berühmte »Killer-Vorhand« voll durch.

Der Netzangriff aus dem Mittelfeld

Viel häufiger als mit dem Aufschlag geht der Spieler mit einem zu kurz geratenen Ball des Gegners ans Netz. Obwohl die fast gleichen Vor- und Nachteile beim Vorgehen mit diesem Angriffsball akut werden, ist doch ein fundamentaler Unterschied gegeben: Der Spieler kann, aber er muß seinem Ball nicht ans Netz folgen. Er hat andere Möglichkeiten, diesen schwächeren Ball des Gegners ins Mittelfeld zu verwerten:

- Er kann versuchen, wie Graf oder Lendl ihn mit Wucht in die Ecke zu setzen (Killerschlag), um so direkt zu punkten.
- Er kann, wie Sanchez oder Wilander es oft tun, den Ball nur ruhig zurückspielen, um auf den Fehler des Gegners zu warten.
- Er kann ihn als Angriffsball spielen, dem er ans Netz folgt, wie McEnroe, Edberg oder Navratilova es bevorzugen.

Viele Spieler schlagen aber diese zu kurz geratenen »Angebote« des Gegners zu wild, zu hastig oder auch zu vorsichtig, vor allem, wenn sie damit ans Netz wollen, und erreichen so nicht das erhoffte gute Ergebnis.

Der gute Spieler, der natürlich diese Erfahrungen auch gemacht hat, legt deshalb

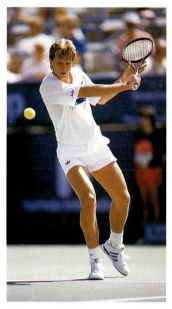 

Edberg und McEnroe beim Rückhand-Slice. Beide setzen gerne diesen gefährlichen Schlag ein, um ihm zum Netz zu folgen.

Die guten Spieler achten vor allem darauf – dank ihrer exzellenten Beinarbeit ist dies möglich –, daß sie während des eigentlichen Schlages die Seitstellung beibehalten. So gelingt es ihnen, sich gleichzeitig vorwärtszubewegen (kein Anhalten) *und* zuzuschlagen, was zum Erreichen einer günstigen Netzposition äußerst wichtig ist.

vor allem Wert auf die einwandfreie technische Ausführung dieses Netz-Vorbereitungsschlages. Sorgfältig achtet er darauf, den ersten Schritt nicht vor dem zweiten zu tun, beinah wörtlich genommen. Nur mit exakter Beinarbeit kann er die Voraussetzungen zum guten Schlag schaffen.

Wie es mit der Vorhand gemacht wird, zeigt uns immer wieder Becker:
Er läuft dem Ball entgegen (meist frontal), nähert sich ihm mit möglichst kleinen Zwischenschritten (Sidesteps), nimmt dabei die Schlagposition (Seitstellung) ein, schlägt so aggressiv es die Situation erlaubt zu und läuft weiter zum Netz, wo er dann in die Drehscheibenposition springt.
Den Rückhandangriff beherrscht keiner besser als Edberg: Er läuft dem Ball nach vorne entgegen (meist frontal), geht während des Weiterlaufens mit kleinen Schritten in die Schlagstellung über, schlägt eine Slice-Rückhand, läuft auch dabei weiter nach vorne (meist mit »Tango-Schritt«) und springt in die Drehscheibenposition.
Manchmal zieht er die Rückhand auch voll durch. Dies ist jedoch nur empfehlenswert, wenn genug Zeit zur Verfügung steht, um den Ball in optimaler Seitstellung zu schlagen. (Siehe dazu auch »Spiel ohne Ball«, S. 67.)

Also, machen wir's den Besten nach!
Schlagen Sie die Angriffsbälle so ruhig wie möglich, aber so dynamisch wie notwendig. Nehmen Sie in Kauf, daß Sie eventuell nochmals auf die Tennis-Schulbank müssen, falls Ihnen der »Tango-Schritt« nicht mehr oder noch nicht geläufig ist.
Ohne das Beherrschen dieser besonderen Schrittkombination werden Sie den Rückhandangriffsball kaum kontrolliert schlagen können.

Nehmen Sie nach dem Schlag sofort die korrekte Drehscheibenposition ein (siehe dazu »Spiel ohne Ball«, S. 67). Dann kann Ihnen der Passierball Ihres Gegners nichts mehr anhaben.

Der Vorhandangriff aus der Rückhandecke

Es stimmt in der Tat: Früher, sogar noch bis ca. 1960, galt es als verpönt, die Rückhand zu umlaufen. Mehr noch, die wenigsten Spieler und Trainer kamen auf den Gedanken, daß man die bessere Vorhand auch aus der Rückhandecke einsetzen könnte. Die ersten Akteure, die diese Art Tennis spielten, wurden belächelt, gaben sie doch zu, »keine« Rückhand zu haben. Santana zählte zu ihnen. Er gewann 1966 Wimbledon.

Für den guten Spieler ist heute der Vorhandschlag aus der Rückhandecke ein normaler Ball. Dies gilt nicht nur für den Vorhandspezialisten, sondern auch für den, der tadellose Rückhandschläge beherrscht: beispielsweise Becker.
Der Durchschnittsspieler allerdings ziert sich noch etwas, die Rückhand zu umlaufen, vermutlich weil ihm gar nicht bewußt ist, wie erfolgreich dieser Schlag sein kann. Auch für ihn, nicht nur für die Besten.

Ausgangssituation ist ein normaler Ball des Gegners, den man mit zwei, drei Schritten zur Rückhandecke hin ohne besondere Schwierigkeiten mit der Rückhand schlagen könnte.

Wer diesen Ball nun mit der Vorhand nehmen will, muß sich beeilen, damit ihm genug Zeit bleibt, sich in der Rückhandecke zur Vorhand zu stellen.

Warum versuchen nun gerade die Besten immer wieder, diesen Schlag einzusetzen. Steffi Graf, die diesen Ball besonders gut beherrscht, hat dafür zwei gute Gründe:
- Sie kann ihre gefürchtete Vorhand einsetzen, mit der sie allemal mehr Druck macht und das Spiel bestimmt, als mit ihrer Rückhand.

◁ Mit diesem Schlag wurde sie zur großen Spielerin und in aller Welt berühmt: Steffi Graf beim »Vorhand-Schuß« aus der Rückhand-Ecke.

Sie ist nicht auf ▷ einen Schlag angewiesen! Monica Seles »schießt« von beiden Seiten, aus jeder Lage.

- Sie kann von dort sowohl die Rückhand ihrer Gegnerin attackieren, als auch einen Vorhand-Longline abschießen, einen Schlag also, der erst im allerletzten Moment zu erkennen ist.

Die Gefahr, diesen Longline-Ball als Cross auf die fast ungedeckte Vorhand zurückzubekommen, existiert zwar, aber

1. wird Graf ihre Vorhand nur dann der Linie entlang spielen, wenn die Gegnerin wirklich unter Druck ist, und
2. würde sie nicht ständig um ihre Rückhand herumlaufen, wenn sie nicht sehr gut zu Fuß wäre. Das heißt, sie ist schnell genug, diesen Cross mit ihrer Vorhand gut zu erreichen.

Ein ganz wichtiger und keinesfalls zu unterschätzender »Nebeneffekt« dieses besonderen Schlages, für den es sich lohnt, sich zusätzlich anzustrengen, muß noch erwähnt werden: Wer sich zur Vorhand in die Rückhandecke stellt, *steht zu diesem Schlag immer, wirklich immer richtig!* Wenn man sich schon so viel Mühe gibt, absichtlich in die »falsche« Ecke zu laufen, macht man dies nicht schlampig oder sorglos. Sonst hätte man sich das ja alles ersparen und den Ball mit Rückhand zurückgeben können. Wer für einen Schlag also gewissermaßen die Garantie erhält, optimal in Schlagposition zu stehen – zumindest auf die Beinarbeit bezogen – wird dies, soweit er fit ist, immer wieder tun wollen, wenn es ihm möglich erscheint. Dies gilt natürlich oder gerade auch für die Besten, die bestimmt keine Mühe scheuen, alles nur Erdenkliche für die Sicherheit und Kontrolle ihrer Schläge zu tun.

Also, machen wir's den Besten nach!

Umlaufen Sie im nächsten Training einmal bewußt all jene Bälle, die sie sonst ohne Mühe mit Rückhand schlagen könnten. Bewegen Sie sich mit kleinen und kleinsten Schritten in die Schlagposition, so wie es Graf so vorbildlich macht, und feuern Sie dann von dort Ihre Vorhand ab. Es bringt nicht nur Erfolg, sondern macht auch Spaß.

Dieses Spielen der Vorhand aus der Rückhand-Ecke sollten Sie auch dann ausprobieren, wenn Ihre Vorhand eigentlich Ihr neuralgischer Schlag ist, denn zu diesem Schlag müssen Sie sich optimal stellen, ob Sie wollen oder nicht. Und Sie werden sehen, Ihre Vorhand wird besser funktionieren, als Sie gehofft haben.

TAKTIK UND PSYCHE

»Mens sana in corpore sano!«
(eine gesunde Seele in einem gesunden Körper)

Wer kennt ihn nicht, diesen berühmten Ausspruch des Philosophen Juvenal, der seit Generationen als Leitsatz für gezielte Körperertüchtigung herhalten muß? Ohne Zweifel gehört diese Äußerung zu den am häufigsten (falsch) zitierten Weisheiten prominenter Denker, sicherlich auch deshalb, weil nur allzu oft, gerade auf dem Sportplatz, die Diskrepanz zwischen Kopf und Körper, zwischen Fitneß und Cleverneß, zwischen vorhandenen Möglichkeiten (Kondition/Technik) und ihrer optimalen Anwendung zu Tage tritt.

Was der Römer wirklich meinte, es aber satirisch formulierte, als er anläßlich seines Besuches der Olympischen Spiele die prächtig gewachsenen Gestalten der Griechen bestaunte, lautet sinngemäß korrekt übersetzt: »Es wäre wünschenswert, wenn zu einem gesunden Körper auch eine gesunde Seele gehören würde.« (Orandum est ut sit mens sana in corpore sano…)

Topfit aber dumm – hat er damit wohl salopp formuliert sagen wollen, und ähnliches meinen sicherlich auch die Amerikaner, wenn sie auf die 15 cm zwischen den Ohren hinweisen, die ganz wesentlich dazu beitragen, die vorhandenen technischen und körperlichen Fähigkeiten in einen entsprechenden Erfolg umzusetzen.

Könnte Juvenal heute die tennisspielenden Athleten bewundern, würde er bestimmt Gelegenheit haben, seine weltbekannte Provokation zu wiederholen. Anlaß dazu gäbe es wahrscheinlich genug, wenn der jugendliche (und sehr wohl schon kampferprobte) racketschwingende Gladiator z. B. den Vorhandschlag zum xten Mal mit satellitenähnlicher Geschwindigkeit an den Zaun donnert und die Schuld für seinen mißglückten Raketenstart allem zuschreibt, nur nicht seiner eigenen Unfähigkeit. Aber Spaß beiseite. – Spaß beiseite?

Daß ein Spitzenkönner körperlich in Form ist und seine Technik beherrscht, wird im Hochleistungssport vorausgesetzt. Ausschlaggebend für Sieg oder Niederlage bei gleichstarken Akteuren scheint demnach in der Tat die mentale Seite zu sein, denn sie ist verantwortlich dafür, wie der Spieler das, was er auf dem Platz bringt (Technik und Fitneß), wirklich einsetzt.

Eigenschaften wie Konzentrationsfähigkeit, Mut, Geduld, Willenskraft, Durchstehvermögen, Selbstbeherrschung u. ä. sind hier also angesprochen und, wenn man so will, auch deren negatives Pendant (s. o.). Der psychisch unterschiedliche Zustand eines Spielers beeinflußt ganz erheblich seine Absichten, was nicht zuletzt zu taktischem Fehlverhalten führen kann. Das kann so weit gehen, daß er in gleichen Situationen völlig unterschiedlich reagiert, eine Tatsache, die ihm zum Teil nicht bewußt ist.

Im folgenden wird also das taktisch-psychologische Verhalten der Besten ganz allgemein und in bestimmten kritischen Situationen besprochen.

Generelle Einstellung der Besten

Wer auf einem Tennisplatz zu einem Match antritt, möchte diesen wieder als Sieger verlassen. Sicherlich eine Binsenweisheit, und trotzdem scheint es oft genug so, als ob der eine oder andere Akteur gar nicht wirklich gewinnen will. Er hat sich andere Ziele gesetzt oder, was letztlich aufs Gleiche herauskommt, er verhält sich so, als ob es wirklich so wäre.

Gerade auf diesem Sektor – nennen wir ihn die generelle Einstellung des Spielers zum und im Match – unterscheiden sich die Besten besonders deutlich von den anderen.

> Die besten Spieler sind bereit, in ihren Matches alles zu geben. Als Folge erwarten sie »gutes Spiel«. Die anderen möchten eher »gut spielen«. Dafür sind sie auch bereit, sich anzustrengen. Das ist weiß Gott nicht dasselbe!

»Tennis ist eine sehr heiße Suppe. Löffel für Löffel muß sie langsam gegessen werden. Wer glaubt, daß man sie genüßlich ausschlürfen kann, wird sich sehr schnell den Mund verbrennen!«

Wie sich die Besten einsetzen

Jeder Schlag ist wichtig. Egal, ob es sich um einen Grundlinienschlag, einen Flugball oder einen Aufschlag handelt, der nächste Ballkontakt entscheidet über schnell oder langsam, cross oder longline, aus oder in, ja schließlich über gut oder schlecht, wenn man so will.
Jeder Akteur weiß das. Trotzdem geht der Durchschnittsspieler oft genug zu unkonzentriert, zu halbherzig, zu sorglos an seine Aufgaben heran. Er glaubt offensichtlich, daß es genügt, den Ball zu erreichen und dann zuzuschlagen.

Die Besten dagegen verfolgen mit jedem Schlag ein bestimmtes Ziel. Jeder Ball wird bewußt, energisch, meist aggressiv gespielt. Wobei Aggressivität nicht mit Ballgeschwindigkeit verwechselt werden darf. Der Ball des guten Spielers kann sehr wohl auch langsam übers Netz fliegen (z. B. beim extremen Topspin), aber niemals absichtslos.

Hier liegt einer der großen Unterschiede zwischen den Besten und den anderen. Der Gute überläßt (eigentlich) nichts dem Zufall. Nehmen Sie Agassi, Seles, Graf oder Lendl. Man spürt förmlich, mit welcher Intensität sie ständig versuchen, optimale Schläge zu produzieren. So gesehen ist es auch nicht verwunderlich, wenn die Anstrengung des einen oder anderen sich in dem inzwischen so verpönten

Keiner rackert mehr als Thomas Muster. Was ihm vielleicht an Variation und Schlagbrillanz fehlt, ersetzt er durch Kampfgeist. Wer ihn besiegen will, hat ernsthaft zu tun!

Stöhnen äußert. Aber stöhnen wir nicht auch gelegentlich, wenn wir einen schweren Koffer heben?
Thomas Muster demonstriert dieses Sich-Anstrengen vielleicht am deutlichsten. Jeder, wirklich jeder Ball ist für ihn wichtig. Mit geradezu fanatischem Einsatz »erarbeitet« er sich Punkt für Punkt. Das gilt besonders dann, wenn das Match gegen ihn läuft. Statt zu resignieren, schaltet er völlig auf Kampf um. Er verzichtet darauf, spektakulär, d.h. das zu spielen, was der Zuschauer allzuoft unter »gut« versteht. Die Ironie dieser Situation besteht darin, daß er gerade deshalb dann gut spielt, wenn er nicht »gut« zu spielen versucht!

Ein anderes Beispiel, welches das unterschiedliche Sich-Anstrengen der Guten und der anderen verdeutlicht, ist die Bereitschaft, nach einem »aussichtslosen« Ball zu laufen. Häufig kann man beobachten, wie Spieler zögern, bevor sie losrennen. Sie überlegen, sicherlich zum Teil unbewußt, ob sie den Ball erreichen können, ob sich die Anstrengung hinzulaufen lohnt. Und oft genug erreichen sie den Ball dann nicht mehr.
Der gute Spieler dagegen rennt im gleichen Augenblick los, in dem er den Ball erkennt. Erst unterwegs entscheidet er, ob es Sinn macht, weiter zu spurten. Er kann und will es sich nicht leisten, denken zu müssen, daß er den Ball bekommen hätte, wäre er sofort gestartet. Er ist angetreten, um jeden Ball zu erreichen. Jeden, nicht nur diejenigen, die ihm besonders genehm sind.

Natürlich gesteht er die gleiche kämpferische Einstellung auch seinem Gegner zu, der ebenfalls alle Bälle erreichen und gut zurückbringen will. Das führt dazu, daß er jeden Ballwechsel konzentriert verfolgt, solange der Ball im Spiel ist.

Nur wer immer bemüht ist, sein Bestes zu geben, ist auch dazu in der Lage; das gilt für Kopf und Körper gleichermaßen. Vielleicht für den Kopf sogar noch mehr! Denn nur wer hellwach ist, kann mitdenken und zu erahnen versuchen, was wohl der Gegner als nächstes im Schilde führt (Antizipation) und mit richtigen und rechtzeitigen »Befehlen« an Arme und Beine dagegenhalten.
Das ständige Sich-Anstrengen der Besten heißt jedoch keinesfalls, daß sie so keine Fehler mehr machen. Das heißt nur, daß sie stets bemüht sind, ihr bestmögliches Tennis zu spielen. Deshalb laufen und kämpfen sie, deshalb schlagen sie energisch zu.

Also, machen wir's den Besten nach!
Nehmen Sie jeden Schlag ernst, auch wenn Sie nur zum Spaß Tennis spielen. Bemühen Sie sich, bewußt zu agieren, technisch und taktisch. Der Ball soll nicht mit Ihnen, sondern Sie mit ihm spielen! Das erfordert Ihr ganzes Können, Ihr ganzes Engagement. Experimentieren Sie auf dem Trainingsplatz, aber im Match sollten Sie das einsetzen, was Sie beherrschen. Denken Sie an Muster. Nicht die Variation macht den Meister, sondern seine Fähigkeit, sich im entscheidenden Augenblick auf das Machbare zu konzentrieren. Versuchen Sie z.B. im nächsten Match einmal ganz bewußt, all jene Spiele noch zu gewinnen, in denen Sie 0:40 oder 15:40 hinten liegen. Nicht mit besonders riskanten Schüssen, eher mit konzentriertem, kämpferischem Spiel. Auch wenn es anstrengend ist und es so scheint, als ob die Freude am Spiel auf diese Art verkümmern könnte. Doch kann es etwas Schöneres geben, als sich selbst in den Griff zu bekommen? Und nur so wird Ihnen endlich der Erfolg über Ihren Erzrivalen gelingen.

Das positive Denken

Oft ist es nicht der Gegner oder dessen Fähigkeiten, denen wir nicht gewachsen sind, die uns vor unlösbare Aufgaben stellen, sondern das, was wir oder andere aus ihm machen.

Es handelt sich dabei um eine Anleihe aus dem täglichen Leben. Von Kindesbeinen an hat man vielen von uns beigebracht, bei wichtigen Anlässen »ja vorsichtig zu sein, keine Angst zu haben, nur nicht nervös zu werden«.

Diese von Unsicherheit und Furcht vor Versagen zeugenden Bemerkungen und unsere Gedanken daran sind es auch, die unter Umständen Angst erzeugen. Der Bezug zum Tennis scheint nun zunächst etwas weit hergeholt zu sein. Aber Angst oder mangelndes Selbstbewußtsein sind häufig der Grund dafür, daß manches nicht gelingt. Man scheitert immer wieder am Volley-Spezialisten, an dem man anscheinend nicht vorbeikommt oder an dem Akteur mit dem Vorhand-Schuß, dem man nicht gewachsen scheint. So kann ein Schlag, ein Match, ein Gegner derart hochgespielt werden, daß er dann tatsächlich als unschlagbar erscheint.

Einmal schier unbezwingbar, einmal nur die Hälfte »wert«: Boris Becker, wie er spielt und lebt.

Ängstliche Formulierungen untergraben das Vertrauen in die eigene Fähigkeit, verlangen vom Spieler, »keinen Fehler zu machen«, statt »den Ball ins Feld zu spielen«.
Genau das aber macht der Gute. Er spielt den Ball ins Feld! Er weiß, daß unter Druck eine sich selbst gegebene positive Anordnung Zuversicht, Mut und Selbstvertrauen entwickelt, eine negative dagegen Angst, Zweifel und Nervosität auslöst, selbst wenn in beiden Fällen genaugenommen das gleiche gemeint ist.
Denn auch die Guten haben ihre schlechten Szenen. Aber sie bemühen sich, diese zu begrenzen, wissen sie doch aus bitterer Erfahrung, daß die einzige Chance, das Spielgeschehen zu beeinflussen, die Gegenwart bietet, d. h. jener Ball, der jetzt auf sie zukommt – nur der. Und hat dieser Ball die Schlägerfläche wieder verlassen, gehört er ebenso der Vergangenheit an, wie all die anderen, die sie vor einem Tag oder zehn Jahren an die Netzkante gesetzt oder zum As verwandelt haben. Sie sind unwichtig geworden, da sie nicht mehr zu beeinflussen sind. Sie müssen vergessen werden.

Also, machen wir's den Besten nach!

Denken Sie wie die Profis, denn nur wer positiv denkt, traut sich auch etwas zu. Und nur so geben Sie Ihrem Unterbewußtsein eine Chance, das zu tun, was Sie tage-, monate-, jahrelang geübt haben. Schlagen Sie die »Spiel-ins-Feld«-Vorhand, weil sie das Feld groß, das Netz niedrig macht. Vergessen Sie die so trügerische »Ja-keine-Fehler«-Rückhand, weil sie den Platz einengt, das Netz zu einer schier unüberwindlichen Mauer auftürmt.

Prüfen Sie einmal, wie Sie nach weniger gelungenen Aktionen reagieren. Geschieht dies extrem negativ, sollten Sie unbedingt an sich arbeiten. Nur der positive Gedanke kann Ihnen wirklich weiterhelfen. Nur er kann Sie dazu veranlassen, mutig und voller Selbstvertrauen zu agieren. Er allein ist der Auslöser dafür, Sie in jenen Zustand zu versetzen, in dem Sie »wie in Trance« spielen und dabei alles um sich vergessen, außer dem nächsten Ball. Und nur der ist wichtig. Denken sie positiv, und Sie werden Ihr bestes Tennis spielen!

Die richtige Einstellung zum Fehler

Der gute Spieler kämpft um jeden Punkt. Wie er zustande kommt, ist für ihn unerheblich. Viele andere dagegen, vor allem die jungen Akteure, möchten, weil sie irrtümlicherweise glauben, daß so die Besten agieren, viel eher ihre Punkte nur mit direkten Gewinnschlägen machen. Auf Fehler vom Gegner warten kann doch jeder. Die eigenen, die sie bei diesen Aktionen (regelmäßig) begehen, verdrängen sie, d.h., sie unterstellen, daß sie nur deshalb fehlerhaft spielen, weil sie noch nicht die entsprechende Spielstärke haben. Aber, und das übersehen sie in ihrem Eifer, sie überfordern sich dabei und werden (oft genug) dann unter Wert geschlagen.

Der gute Spieler weiß, daß er mit Gewalt nichts erreicht. Deshalb versucht er, seiner Leistung und somit sich selbst gegenüber, fair zu sein. Dazu ist es notwendig, einzelne Aktionen zu akzeptieren, ohne sie zu bewerten. Ein Ball z.B., der 5 cm neben der Linie aufkommt, kann nicht als schlecht, ein auf die Linie klatschender als gut gespielt beurteilt werden. Derart minimale Unterschiede sind nicht bewußt steuerbar. Auch nicht von den Besten.

Wenn Lendl, Sampras oder Agassi z.B. einen Ball knapp ins Aus setzen, drehen sie sich um, zupfen die Saiten zurecht, konzentrieren sich und spielen weiter. Nur so können sie auch die nächsten Schläge locker und energisch durchziehen, ohne Furcht davor haben zu müssen, daß sie danebengehen. Anderenfalls würden sie vorsichtiger agieren und sich verkrampfen. Beide Schläge sind gleichviel »wert«, einer war drin, einer war aus. Mehr nicht. Aber zwischen einer In- oder Out-Auffassung und einer Gut- oder Schlecht-Einstellung sind enorme Unterschiede.

Viele der anderen Spieler verhalten sich in ähnlichen Situationen dagegen oft genug anders. Mit ihrem Unwillen über den Aus-Ball leiten sie eine sehr verhängnisvolle Kettenreaktion ein: Rückhand aus, Rückhand unsicher, Rückhand schlecht, Form schlecht, Tennis schlecht, Spieler schlecht!
Da aber ohne Selbstvertrauen kaum erfolgversprechendes Tennis gespielt werden kann, steht am Ende der Kette eine Niederlage.

Nun gibt es aber noch eine andere Art von Fehlern. Gemeint sind jene Bälle, die man ohne Bedrängnis leichtsinnig vergibt. Auch damit müssen die Guten fertig werden, denn auch sie streuen immer mal wieder einen dieser unnötigen Patzer (unforced errors) ein. Sie akzeptieren sie aber, stecken sie weg. Sie empfinden sie nicht als Schande, sondern eher wie etwas, das dazu gehört; denn fehlerfreies Tennis existiert ja bekanntlich nicht.

So einfach, wie sich das hier liest, ist dieses Verhalten natürlich nicht. Auch die Besten reagieren gelegentlich verärgert, wenn sie, wie Becker z.B. einen »aufgelegten« Satzball an die Netzkante knallen. Aber sie haben gelernt, durch viele bittere, selbstverschuldete Niederlagen, daß sie das Geschehene nicht mehr ändern können und – was viel tröstlicher ist – daß auch ihre Gegner eine Anzahl dieser »unforced errors« produzieren.

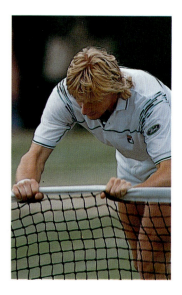

Immer wieder zollt der amerikanische Sonny-Boy Andre Agassi seinem Gegner Beifall für dessen gelungene Aktionen. So belastet er sich nicht für diese Punktverluste und kann stets frei aufspielen.

Also, machen wir's den Besten nach!
Gehen Sie toleranter mit sich um. Akzeptieren Sie, daß Ihr Vorhand-Schuß gelegentlich neben die Linie klatscht, Ihr Rückhand-Passierball an der Netzkante hängen bleibt. Und schauen Sie nicht so grimmig, wenn Ihnen ein paar jener besonders dummen Fehler unterlaufen. Dazu ein Tip. Gestatten Sie sich pro Satz drei, fünf oder zehn dieser »leichten« Patzer. Auf diese Weise werden Sie besser mit ihnen umgehen können, sie nicht mehr als »Verderben bringendes Schreckgespenst« betrachten. Probieren Sie es aus. Behandeln Sie Ihre Fehlerquote wie das Handicap eines Golfers. Freuen Sie sich, wenn Sie es unterspielen. Aber nicht mogeln. Setzen Sie die Anzahl der »gestatteten Fehler« herab, wenn Ihr Spiel besser geworden ist. Und es wird besser. Es liegt an Ihnen!

Zum leichten Fehler: Wie entsteht er? Das Verhältnis zwischen dem vom heranfliegenden Ball signalisierten Schwierigkeitsgrad einerseits und dem zur Bewältigung des geplanten Schlages tatsächlich notwendigen körperlichen und mentalen Engagements andererseits, stimmt nicht. Das so entstandene »Zerrbild« veranlaßt den Spieler dazu, zu viel oder zu wenig zu »investieren«. Beides geht ins Auge, der leichte Fehler ist entstanden. Also, nehmen Sie jeden Ball ernst. Nur so können Sie die »leichten« Fehler auf ein Mindestmaß reduzieren.

Martina Navratilova und Chris Evert. Große Gegnerinnen – große Sportlerinnen!

Der richtige Umgang mit der Niederlage

Natürlich ist (fast) jeder enttäuscht, wenn er verloren hat – unabhängig davon, wer der Gegner war. Das gilt ganz besonders dann, wenn die Partie hätte gewonnen werden können. Während aber die einen zu ihrer Niederlage stehen, versuchen die anderen »das Beste daraus zu machen«. Das Beste auf ihre Art allerdings. Dafür haben sie sich beinah eine Art »Kartei für Ausreden« zusammengestellt, die sie, je nach Gegner, Situation oder Notwendigkeit, entsprechend verwenden.
Von Niederlagen kann man deshalb in ihrem Fall gar nicht sprechen, eher von einem Opfer widriger Umstände, wie z. B. des rutschigen Platzes, der blendenden Sonne, des störenden Lärmes, des »blinden« Schiedsrichters, der alten Zerrung, der Glückssträhne des Gegners, der versprungenen Bälle usw.
Solche Spiele muß man schnellstens vergessen...
Warum nur diese Ausreden? Der Spieler identifiziert sich nicht mit seiner Leistung. Nicht er, sondern ein anderer hätte gespielt, könnte man meinen, und es scheint fast so, als ob er das auch glaubt. Und wer nicht zu seinen Aktionen steht, fühlt sich auch nicht für sie verantwortlich. Folglich analysiert er sie nicht und kann daher nichts aus ihnen lernen. Deshalb wird er im Training seine Schwachstellen nicht üben und beim nächsten Wettkampf sich erneut über seine nicht funktionierende Vorhand ärgern. Der Teufelskreis schließt sich.

Anders die Besten. Sie stehen zu ihrem Spiel, auch zu ihrer Niederlage. Sie haben gelernt, daß diese nichts Endgültiges ist, sondern ein weiterer – wenn auch schmerzlicher – Schritt ihrer Karriere.

Sie haben sich angestrengt, alles gegeben, was an diesem Tag möglich war. Deshalb können sie auch mit erhobenem Haupt – und ehrlichen Herzens – ihrem Gegner gratulieren, so wie es Martina Navratilova tat, als sie in einem mitreißenden Match im Finale der Französischen Meisterschaften (1985) gegen Chris Evert im dritten Satz 7:5 verloren hatte.

Gerade eine Niederlage kann viel dazu beitragen, sich weiter auszuloten, sich noch besser kennenzulernen. Deshalb sind die Guten bereit, ihr Match zu analysieren und an sich Kritik zu üben – oder sich kritisieren zu lassen (Trainer).

Systematisch gehen sie der Sache auf den Grund (Matchanalyse), und sie stellen sich eine Menge Fragen, die sich jeder andere nach einer Niederlage auch stellen sollte: War ich richtig vorbereitet? Wie sah das Training der letzten Tage aus? Hatte ich genug Schlaf, vernünftig und rechtzeitig gegessen? Habe ich mich am Morgen vor dem Match optimal eingeschlagen?

Hatte ich ein klares taktisches Konzept, einschließlich eines Ersatzplanes? Wie stand es mit der Technik der einzelnen Schläge? Wie war die Kondition? Waren die großen Schritte gegen Ende des Spieles technische Fehler oder Ermüdungserscheinungen? War ich auf jeden Ball voll konzentriert?
War ich nervös?
Fragen über Fragen, deren Antworten den Besten weiterhelfen, weil sie nichts dem Zufall überlassen, aber auch Ihnen bestimmt Aufschluß über so manche Ungereimtheit oder Anfälligkeit Ihres Spieles geben könnten.

So weit der kritische Blick auf das eigene Spiel, das eigene Verhalten. Fehlt noch das Bild des Gegners. Lendl z. B. hat von jedem Konkurrenten eine Analyse erstellt (Computer), die ihm ermöglicht, Stärken, Schwächen, Eigenheiten usw. seiner Gegner jederzeit abzurufen. Und diese Kartei wird ständig ergänzt, wenn ein neuer Star am Tennishimmel auftaucht. Lendl wird demnach immer wissen, wie er sich unter Druck dem einen oder anderen gegenüber zu verhalten hat. So geht er optimal vorbereitet in jedes Match, sicherlich eines jener Attribute, das man einem der Besten im Welttennis zugesteht.

Also, machen wir's den Besten nach!
Stellen Sie sich Ihrer Leistung. Gerade zur Niederlage. Sie kann Ihnen helfen, das nächste Mal zu siegen. Aber Sie müssen aus Ihren Erkenntnissen (Matchanalyse) die Konsequenz ziehen. Erstellen Sie einen Trainings- und/oder Konditionsplan. Überlegen Sie, ob Ihnen Ihr Tennis es wert ist, daß Sie die Labilität Ihres Nervenkostüms durch autogenes Training z. B. festigen.
Planen Sie jedes Match sorgfältig und bereiten Sie sich auf den Gegner detailliert vor, falls Sie gerade da nachlässig waren.

Also, zusammenfassend:
1. Verantwortung für die Niederlage übernehmen
2. Matchanalyse erstellen
3. Training der Schwachstellen durchführen
4. Analyse des Gegners studieren
5. Taktischen Plan für das bevorstehende Match erstellen
6. Optimale Matchvorbereitung anstreben (siehe S. 94).

Lassen Sie sich nicht schlagen, ohne daraus Gewinn zu ziehen. Dann sind Sie auf alles gefaßt

Zielsetzung der Besten

Wie die Besten trainieren

Natürlich unterscheidet sich das Trainingsverhalten der guten Spieler erheblich von dem der anderen. Die Besten treten an, um an einem Schlag zu arbeiten, sich noch besser in Form zu bringen, sich auf ein bestimmtes Match vorzubereiten. Wenn die Sonne scheint, ist das eine angenehme Begleiterscheinung. Die anderen genießen die wärmende Sonne, die frische Luft, das Sich-bewegen-Können fast genauso wie den Spaß am gelungenen Passierball.

Diese nüchterne Betrachtung – die nicht als Bewertung verstanden werden soll – läßt erkennen, daß der Hobbyspieler streng genommen oft gar nicht trainiert, wenn er glaubt, dies zu tun. Denn trainieren heißt üben nach Plan! Vielleicht ist dies die Erklärung dafür, warum sich bei manchen Akteuren trotz regelmäßigen »Trainings« die Spielstärke nicht wesentlich verändert.

Beim Training der Grundlinienschläge z. B. schlagen die einen während der ganzen Dauer des Übens die Bälle so wie sie eben kommen: mal Vorhand, mal Rückhand, mal Cross, mal Longline. Der Gute dagegen, wenn er sich warmgespielt hat, trainiert eher systematisch. Ca. 20 Minuten plant er für einen Schlag ein, wenn z. B. der Schlagrhythmus auf dem Programm steht. Bei diesen Übungen sind Schlagrichtung und Schlagtempo oft vorgegeben.

Spielzüge und Sätze werden auf gleiche Weise geübt. Auch hier kann einmal das Punkte-Machen, einmal das Fehler-Vermeiden betont trainiert werden. Die Schläge ordnen sich als Mittel zum Zweck dem Ziel, erfolgreich zu sein, unter. So ist es auch im Match und deshalb muß es so geübt werden. Spieler, die nicht alles versuchen, den Ballwechsel für sich zu entscheiden, weil es ja »nur« Training ist, sind im Ernstfall nur schwer in der Lage, sich anders zu verhalten. Auch das Siegen-Wollen muß trainiert werden. Mit aller Konsequenz. Oder präziser, das Sich-Anstrengen. Denn gewinnen ist eine Folge des Sich-Anstrengens. Deshalb nehmen die Guten ihre Trainingsmatches ernst.

Machen Sie sich einmal die Mühe – vielleicht vormittags während eines großen Turniers, – den Profis beim Trainieren zuzusehen. Muster, Lendl, Seles oder Graf z. B. kämpfen erbittert um jeden Punkt, so, als ob sie tatsächlich ein Match spielen würden.
- Deshalb verwenden sie, wenn irgend möglich, auch zu jedem Matchtraining neue Bälle;
- deshalb wechseln sie die Seiten (Sonnen- und Windverhältnisse verändern sich) und nützen die Pause zum Regenerieren (trinken, abtrocknen, entspannen);
- deshalb wollen sie auch genau wissen, ob der vom Trainingspartner ausgegebene Ball nicht doch noch Linie war, auch im Übungsmatch. *Training ist üben für den Ernstfall!*

Die Tatsache, daß der Wettkampf »nur« ein Trainingsspiel ist, sollte nie als Alibi für verlorene Sätze oder Matches herhalten müssen. Doch genau das passiert immer wieder. Viele Spieler machen es sich so zu leicht. Sie nehmen sich eine – vielleicht die wichtigste – Möglichkeit, die Technik, die Taktik, die Fitneß, das Engagement unter Turnierbedingungen zu testen. Auch der Partner darf nicht als Vorwand dienen, es salopp angehen zu lassen, weil gerade er das Spiel nicht ernst nimmt. Schlagen Sie ihn doch 6:0, 6:0! Sie werden sehen, daß er sich das nächste Mal mehr anstrengt – oder nicht mehr mit Ihnen spielt. Aber auf solche Gegner können Sie leicht verzichten.

Also, machen wir's den Besten nach!

Üben Sie konzentriert, diszipliniert und nach Plan. Schon zu Hause – aber spätestens auf dem Weg zum Training – sollten Sie sich überlegen, was wie lange geübt wird. Bitten Sie Ihren Partner, eine gewisse Zeit auf Ihre Wünsche einzugehen, genau wie Sie bereit sind, ihm bei seinen Schwierigkeiten zu helfen.

Denken Sie, wenn Sie um Punkte spielen, an Monica Seles, Ivan Lendl oder Steffi Graf. Keiner würde einen Ball verloren geben, ohne versucht zu haben, dieses zu verhindern. Auch im Training nicht. Sehr gut möglich, daß diese Einstellung das ganz große Geheimnis deren Erfolge ist. Warum ihnen nicht nacheifern? Nur wenn Sie sich echt fordern, können Sie besser werden. Doch auch das Sich-Fordern muß man üben. Was bietet sich besser dafür an als das Training?

Ohne Fleiß, keinen Preis! Auch Steffi Graf hat ihre berühmte Vorhand nicht geschenkt bekommen.

Boris Becker und Eric Jelen mit ihrem Davis-Cup-Coach Niki Pilic.

Die Matchvorbereitung

Ein Match beginnt nicht mit dem ersten Ballwechsel. Der Count-Down läuft schon lange vorher, beim guten Spieler zumindest. Die anderen haben damit so ihre Schwierigkeiten. Obwohl sie meistens ziemlich genau wissen, wie sie sich – im Rahmen ihrer Möglichkeiten – optimal auf den nächsten Gegner einstellen könnten, halten sie sich zurück. Stichworte wie Schlaf, wettkampfbezogenes Essen, sich warm machen, sich stretchen, regenerieren, taktischer Plan usw. irritieren sie schon fast. Sie kommen sich vor wie vor einer roten Ampel mitten in der Nacht, wenn der Verkehr ruht. Sie sehen eigentlich keine Notwendigkeit, sich anders als bisher zu verhalten oder – noch präziser, anders als ihre Teamkollegen oder Trainingspartner. Sie genieren sich, Farbe zu bekennen. Sie überlassen den ganzen »Zirkus« dem guten Spieler. Und so paradox es klingen mag, sie sind eher bereit, Niederlagen zu akzeptieren, als sich von den anderen belächeln zu lassen. Sie spielen – wenn man der Sache auf den Grund geht – den starken Mann, der »das« alles nicht nötig hat. Und da die meisten der gleichen Spielklasse sich ähnlich verhalten, trifft dies zum Teil sogar zu.

Anders die Besten. Ganz zielbewußt – einer zumindest im Kopf existierenden Check-Liste folgend – bereiten sie sich auf das bevorstehende Match vor. Nichts was sie beeinflussen könnten, überlassen sie dem Zufall. Sie sammeln so viele Informationen über die Spielweise des Gegners, wie sie bekommen können. So überlegt sich Boris Becker – natürlich mit seinem Trainer Niki Pilic – wie er das nächste Match gegen Leconte z. B. angehen wird (taktischer Plan). Soll er mehr abwartend, von hinten agieren oder eher ran ans Netz? Soll er nur die Rückhand des Franzosen anspielen oder auch auf Vorhand angreifen? Soll er versuchen, Asse zu servieren oder lieber seinen Topspin-Aufschlag einsetzen?

Steht die Strategie, wird entsprechend trainiert. Das geht soweit, daß der Trainer versucht, einen Linkshänder als Sparringspartner zu besorgen, wenn der nächste Gegner seines Schützlings wie im Beispiel Leconte heißen würde.

Daß er genügend schläft, wettkampfgerecht und rechtzeitig ißt, sich vor dem Match warm macht, stretcht und sorgfältig einschlägt, ist selbstverständlich.

So schafft er die Voraussetzung, körperlich und mental alles zu geben. Wer dann gegen Becker gewinnt, hat wirklich Becker geschlagen. Ohne wenn und aber. Ohne künstliches Alibi, das er sich nach dem Motto konstruiert hat: Wenn ich nicht so spät ins Bett gegangen wäre, wenn ich nicht die Schweinshaxe gegessen hätte, wenn ich mich richtig eingeschlagen hätte u. ä. Nur so ist Becker in der Lage, sein bestes Tennis zu spielen, oder aus einer eventuellen Niederlage zu profitieren. Ausreden würden die Sicht versperren, nicht erkennen lassen, warum ein Match verlorengegangen ist, wo im Training also angesetzt werden mußte.

Der gute Spieler ist bereit, sich nach oben zu schuften, ja zu quälen, wenn es sein muß. Schritt für Schritt. Deshalb nimmt er die Match-Vorbereitung so wichtig, ganz allgemein und speziell auf jeden Wettkampf bezogen. Wirklich auf jeden. Er hat die (bittere) Erfahrung gemacht, daß er nur so Erfolg hat: Entweder muß er mit aller Konsequenz auf das nächste Match hinarbeiten oder das Ziel, es zu gewinnen, aufgeben. Das Ziel wohlbemerkt, denn wer von Traum spricht, gesteht sich gleichzeitig ein, daß die Realität ziemlich sicher ganz anders aussehen wird. Und das würde bedeuten, daß er sich schon geschlagen gäbe, bevor er das Spielfeld betreten hat. *Den unbesiegbaren Gegner gibt es nicht.* Denn jeder hält sich ja nur in seiner Klasse auf, kämpft gegen seinesgleichen. Und genau deshalb ist die Vorbereitung so eminent wichtig. Gut gerüstet, können Sie auch Ihren übermächtig scheinenden Gegner packen, vielleicht die Sensation schaffen.

Also, machen wir's den Besten nach!
Planen Sie Ihr nächstes Match sorgfältig. Überlegen Sie, wie Ihr Gegner in die Knie zu zwingen ist. Besorgen Sie sich alle Informationen, die Sie bekommen können. Vielleicht hat ein Freund von Ihnen erst kürzlich gegen ihn gespielt.
Aber Vorsicht, keine übertriebenen Aktionen! Nicht, daß Sie vor Ihrem Match eine Stunde Aufschlag üben und den Arm dann vor Überanstrengung nicht mehr anheben können. Auch das Sprint-Training bringt nichts (außer vielleicht eine Zerrung), wenn Sie auf diesem Sektor bisher untätig waren. Verwechseln Sie die Notwendigkeit, langfristig an sich zu arbeiten nicht mit kurzfristiger Vorbereitung.
Alles zu seiner Zeit.

Das Einschlagen

Die allerletzte Möglichkeit, sich auf ein bevorstehendes Match einzustellen, ist das Einschlagen. Und genau das nützen viele nicht optimal.
Zugegeben, die Spieler sind meist sehr nervös, warten darauf, daß es endlich losgeht. Wenn es sich dabei um ein offizielles Match mit nur fünf Minuten Einschlagzeit handelt, kann von »Einspielen« auch keine Rede sein. Das Augenmerk sollte in diesem Fall auf den Aufschlag gerichtet sein, da es nicht machbar ist, in dieser kurzen Zeit Vorhand, Rückhand, Flugball und Schmetterball gleichzeitig in den Griff zu bekommen.

Vor den vielen anderen Wettkämpfen, bei denen es beim Einschlagen nicht auf die Minute ankommt und man ca. eine Viertelstunde zur Verfügung hat, könnte man sich dagegen »richtig« einspielen.
Doch was machen viele? Herumspielen, draufdreschen, sich die Bälle um die Ohren hauen. Das ist nicht übertrieben. Immer wieder kann man beobachten, daß sich die Spieler die Bälle mit einer Geschwindigkeit zuspielen, die weit über dem Tempo liegt, das sie beherrschen (siehe S. 60). Wird da der Versuch unternommen, den Gegner einzuschüchtern? Handelt es sich dabei um eine besondere Art, Herr seiner Nervosität zu werden? Ist es gar der unbewußte Versuch, den anderen nicht in den Schlag kommen zu lassen?

Der gute Spieler verhält sich völlig anders. Konzentriert und mit kontrolliertem Tempo schlägt er jeden Ball. Er ist bemüht, seinem Gegner so zuzuspielen, daß dieser ohne Schwierigkeiten zurückschlagen kann. Nach dem Motto: »Wie du mir, so ich dir!« fliegt der Ball ruhig hin und her. Genau das will der gute Spieler, denn er sucht seinen Rhythmus, den er um so schneller findet, je exakter der Ball auf ihn zukommt.
Auf Tempo und Druck verzichten die Besten – zunächst. Erst wenn's ernst wird, wird voll durchgezogen, was dank des disziplinierten Einschlagens auch funktioniert.

Die anderen, die ihren Schlagrhythmus weder gesucht noch gefunden haben, drosseln danach, wenn das Match also beginnt, ihre Schlaggeschwindigkeit. Täten sie es nicht, würden sie also weiter unkontrolliert auf die Bälle »hacken«, würden sie weniger für sich als für den Gegner die Punkte machen. Tennis paradox könnte man sagen – oder wieder einer der Unterschiede zum guten Spieler.

Also, machen wir's den Besten nach!

Spielen Sie ihm zu, Ihrem Gegner, damit auch er Ihnen helfen kann, Ihren Rhythmus zu finden. Achten Sie darauf, daß sie jeden Ball exakt treffen und bewegen Sie Ihre Beine so, wie Sie es im Match beabsichtigen: locker und leichtfüßig. Jetzt macht es keinen Sinn mehr, sich zu schonen.

Wenn Sie so ganz nebenbei auch einen Blick auf die Lichtverhältnisse, den Hintergrund und die Bodenbeschaffenheit des Ihnen vielleicht fremden Platzes und natürlich auch auf Ihren Gegner werfen, kann dies bestimmt nicht schaden. Aber – Ihr eigener Schlagrhythmus hat unbedingt Vorrang!

Keinesfalls dürfen Sie jedoch vergessen, trotz allen Bemühens, sich zu akklimatisieren und Rhythmus zu finden, die letzten Minuten für den Aufschlag zu reservieren. Da dies möglicherweise der erste Ball sein wird, den Sie spielen, lohnt es sich schon, sich darauf besonders zu konzentrieren. Dann sind Sie optimal vorbereitet.

Der Umgang mit der Zeit

Die Zeit ist ein kostbares Gut. Da aber viele nicht gewohnt sind, über sie zu verfügen, macht der Umgang mit ihr (noch) Schwierigkeiten. Dreißig Sekunden stehen dem Spieler im Match nach Beendigung des Ballwechsels zu, ehe der neue beginnen muß. Neunzig Sekunden darf er benötigen, wechselt er die Seite. Was tut er damit? Oft viel zu wenig. Viele, vor allem junge Spieler, empfinden es als belastend, solange warten zu müssen, ehe sie wieder loslegen dürfen. Ungeduldig wechseln sie die Seiten, nehmen sich kaum Zeit, sich auf den Aufschlag zu konzentrieren, geschweige denn sich vor dem Return zu sammeln. Spielen heißt die Parole, egal wie!?

Die Besten dagegen feilschen um jede Sekunde. Wenn man Lendl oder Edberg beobachtet, hat man oft sogar den Eindruck, daß die ihnen gestattete Zeit viel zu knapp bemessen ist, um ihnen all das zu ermöglichen, was sie beim Seitenwechsel z. B. zu erledigen beabsichtigen:

- sich abtrocknen (Edberg verwendet dazu zum Teil zwei Handtücher, ein kleines für die Beine, ein größeres für Arme und Gesicht),
- etwas trinken und/oder etwas essen (Banane),
- sich eventuell die Schuhe neu binden, das Hemd wechseln,
- und natürlich sich entspannen und wieder sammeln, sich auf das nächste Spiel vorbereiten.

Die Besten stehen erst dann wieder von der Bank auf, wenn der Schiedsrichter »Time!« ruft. Sie schöpfen die Zeit voll aus, die ihnen laut Reglement zur Verfügung steht, weil sie wissen, daß sie so eine der Voraussetzungen schaffen, die zum guten Spiel führt. Das bezieht sich auch auf ihr Verhalten unmittelbar vor dem nächsten Ballkontakt nach der Pause, auf den sie sich jedesmal erneut speziell vorbereiten (siehe Aufschlag-Ritual S. 47). Aber auch zum Return konzentrieren sie sich besonders. Lendl macht das beinahe provokativ. Unmittelbar nach Beendigung des Ballwechsels dreht er sich ab. Er schaut auf die Saiten seines Schlägers und zupft sie zurecht. (Ob sie wirklich verschoben sind?) Dabei macht er sich über seinen letzten Schlag Gedanken, läßt sich von ihm motivieren, wenn er erfolgreich war, oder spricht sich Mut zu, wenn es ein Fehlschlag gewesen ist. Dann wischt er sich den Schweiß von der Stirn, entspannt sich dabei (durchatmen) und blickt erneut auf oder durch die Besaitung seines Schlägers. Endlich nimmt er die Return-Bereitschaftsstellung ein. Jetzt richtet er seinen Blick auf den Gegner, jetzt ist er bereit, jetzt wird er keinen flapsigen Return übers Netz spielen!

Für die Profis ist Zeit Geld. Das ist fast wörtlich zu nehmen. Aber auch jeder andere Spieler sollte behutsam mit den kostbaren Sekunden umgehen. Vor allem wenn nichts läuft.

Also, machen wir's den Besten nach!
Nützen Sie die Zeit zwischen den Ballwechseln, um sich zu beruhigen, sich zu entspannen, sich zu regenerieren, sich zu motivieren, sich zu konzentrieren. Sie wird Ihnen zugute kommen.
Vertrauen Sie auf Ihr Können. Zeigen Sie Ihrem Gegner, wie dynamisch und aggressiv Sie sind. Lassen Sie ihn spüren, daß Sie mit der Zeit umzugehen wissen, d. h. in Ruhe (ohne Hast) der Dinge harren können, die auf Sie zukommen. So demonstrieren Sie Ihre Stärke und Selbstvertrauen durch Ihr Verhalten. Der Gegner wird beeindruckt sein.

Stefan Edberg und Anders Jarryd nützen die Zeit beim Seitenwechsel optimal. Sie entspannen sich, trinken einen Schluck, trocknen sich ab und besprechen dabei den nächsten Spielzug. Es ist sicherlich kein Zufall, daß sie mehrere Grand-Slam-Doppeltitel gewonnen haben und darüber hinaus zum Doppelpaar des Jahres gekürt wurden (ATP 1987).

Die »Big Points«

Auch wenn man immer wieder betont, daß es keine besonders wichtigen Bälle gibt, daß man also auch nicht von »Big Points« reden sollte, so würde man doch wohl den Kopf in den Tennissand stecken, wenn man im Zusammenhang mit Tennis und Psyche nicht zu diesem Thema Stellung nehmen würde.
Denn ob man nun will oder nicht, er existiert, der »Big Point«. Gemeint sind jene Ballwechsel, deren Ausgang entscheidenden Einfluß auf das Spiel, den Satz, ja vielleicht sogar das ganze Match haben.

Man sehnt sie herbei, man erkämpft sie sich, und wenn sie dann da sind, hätte man sie am liebsten schon wieder hinter sich – so oder so. Verantwortlich dafür, daß ein bestimmter Ballwechsel zum »Big Point« wird, ist der Spielstand. Es sind nun mal besondere Situationen, wenn man zum Match serviert, bei 4:4 einen Breakball hat oder gar im Tiebreak um Punkte kämpft. Der sonst so harmlos scheinende Ball, den man schon viele, viele tausend Mal routinemäßig übers Netz geschlagen hat, wird durch die Tatsache, daß er vielleicht über Sieg oder Niederlage entscheidet, zu einer recht zwielichtigen Erscheinung: Von einer

Martina Navratilova mit der »Becker-Faust«. Sie jubelt. Gerade hat sie den wichtigsten »Big Point«, den Matchball, gewonnen.

Sekunde zur anderen kommt er wie eine fliegende Warnblinkanlage auf einen zugesegelt. So empfindet man das, obwohl man ganz genau weiß, daß nicht der Ball seine Unschuldsmiene verloren hat, sondern daß es wieder einmal der Kopf ist bzw. das, was in ihm vorgeht, was einen so verunsichert.
Es sind die Gedanken, die dieses Wechselbad der Gefühle bereiten, die auf die Tatsache hinweisen, daß man jetzt alles gewinnen kann, wenn man »nur« so wie bisher weiterspielt. Und gerade weil man das ja »eigentlich« auch kann, wird die Aufgabe scheinbar so schwierig. Und urplötzlich ist das Netz 5 m hoch, des Gegners Platzhälfte winzig klein, der Schläger zentnerschwer.
So geht es allen Spielern, obwohl es genug Rezepte gibt (solche, von anerkannten Experten verordnet, und solche, die man mit dem berühmt-berüchtigten Hausmittel vergleichen könnte), die angeblich von der Besonderheit des Balles ablenken bzw. die Fähigkeiten verstärken würden, mit diesen kritischen, an den Nerven zerrenden Situationen fertig zu werden.

Der Unterschied im Verhalten der Besten und der anderen Spieler auf die »Big Points« bezogen, ist schwer zu definieren. Vielleicht gibt es ihn gar nicht im üblichen Sinn. Man könnte sogar behaupten, daß »Big Points« ohnehin nur im Spitzentennis existieren. Dort geht es um Ranglistenpunkte, Geld, Existenz, bei den meisten anderen Spielern lediglich ums Gewinnen. Folglich kann der ominöse »Big Point« für die beiden Gruppen gar nicht gleiche Bedeutung haben. Heißt das, der Hobby-Spieler wird völlig anders empfinden als der Profi? Oberflächlich betrachtet mag das zutreffen. Wer aber weiß, wie um jeden Ball im Mannschaftswettbewerb, auf Turnieren oder gerade bei Forderungsspielen für die Clubrangliste gekämpft wird, muß doch an der Richtigkeit dieser Behauptung zweifeln.

Wie unterscheiden sich die Besten also von den anderen bei diesen besonders wichtigen Ballwechseln? Während sich der Hobbyspieler meistens mit der Angst, den Punkt zu verlieren, auseinandersetzt, ist es beim Guten eher die Sorge darüber, wie er den Punkt gewinnen kann. Deshalb versuchen sich die Guten auch an erfolgreich abgeschlossene Ballwechsel zu erinnern, während den anderen einfällt, daß sie in ähnlichen Situationen ja bereits schon öfter versagt haben. Der Normalspieler meint nämlich, daß diese besonderen Ballwechsel besondere Aktionen erfordern. Die Besten dagegen bemühen sich, gerade nichts Besonderes zu tun, d. h., was die Schläge angeht, so »normal« wie möglich zu agieren.

Allerdings versuchen sie, sich ganz gezielt auf den nächsten Punkt zu konzentrieren. Versuchen wohlbemerkt, denn auch den Geübten fällt es nicht leicht, in jeder Situation entspannt **und** voll konzentriert zu handeln.

Wie verhält sich Boris Becker z. B. beim Tie-Break, einem Spielstand also, der für beide Akteure gleichermaßen kritisch ist?
Wenn er aufschlägt, konzentriert er sich so wie immer. Beim Return dagegen sprüht er förmlich voller Energie und Tatendrang. Er geht zwei, drei Schritte vor, wieder zurück, richtet sich auf, dreht sich weg, kurz, er demonstriert, daß Geist **und** Körper hellwach sind. Auf diese Weise ist er einmal optimal bereit, den Aufschlag zu parieren, zum anderen will er damit auch seinen Gegner beeindrucken, was diesen vielleicht zusätzlich belastet oder ablenkt. Nicht umsonst ist Beckers Tie-Break-Bilanz eindeutig positiv.

Zugegeben, sich gezielt zu konzentrieren, ohne sich dabei zu verkrampfen, fällt selbst jenen Spielern schwer, die hart daran arbeiten (mentales Training).
Vielleicht sollte man seine ängstlichen Gedanken auch bewußter akzeptieren. Sie sind keine Schande, sondern ein Zeichen von Intelligenz.

Also, machen wir's den Besten nach!
Agieren Sie mutig und neutralisieren Sie Ihre Sorgen durch das Wissen, daß der auf der anderen Netzseite die gleiche Situation erlebt. Mehr noch, ersetzen Sie sie durch Zuversicht und Selbstvertrauen.
Grübeln Sie nicht über längst vergangenes Versagen nach. Nur die Gegenwart zählt.
Machen Sie keine technischen Experimente! Setzen Sie die Schläge ein, die Sie beherrschen.
Und nehmen Sie unbedingt die dreißig Sekunden Zeit in Anspruch, bevor Sie zu entscheidenden Ballwechseln aufschlagen oder retournieren. Entspannen Sie sich, atmen Sie tief durch, sammeln Sie sich. Überlegen Sie, wie Sie agieren wollen. Risiko oder Sicherheit – beides kann richtig sein. Entscheiden Sie sich und stehen Sie dann voll hinter Ihrem Verhalten. Das ist die Voraussetzung zum Erfolg.
Und dann beginnen Sie mit dem Aufschlag- oder Rückschlagritual. *Jetzt nichts mehr denken!* Sich spielen lassen. Es wird klappen. Der »Big Point« wird zum (fast) ganz normalen Ball für Sie werden.

Verhalten der Besten in besonderen Situationen

Wer ein Match zweier Spitzenspieler miterlebt, verfolgt in erster Linie den hin- und herfliegenden Ball. Wie sich der Akteur vor oder nach dem Schlag verhält, wird dagegen kaum beachtet. Deshalb wurde in den Teilen »Technik« und »Technik – Taktik« ausführlich darauf eingegangen.
Aber auch von dem, was man tatsächlich sehen könnte, wird nur wenig wahrgenommen. Die Mehrzahl sieht nur, was sie sehen will oder – vielleicht korrekter formuliert – was sie zu sehen erwartet. Daß die Besten z. B. von zehn Bällen neun »normal« spielen, wird kaum registriert. Nur der außergewöhnliche Schlag zählt für den Fan, was ihn schließlich glauben läßt, daß die guten Spieler nur Superbälle produzieren. Deshalb beschränken sich die Hobbyspieler bei ihren »Imitations-Versuchen« allzugerne auf diese Paradeschläge.

Noch seltener wird vom Zuschauer bemerkt, wie sich die Besten ständig bemühen, ihr Tennis zu kontrollieren, was meist mit deren »einsamem Kampf« sich selbst in den Griff zu bekommen, parallel läuft. Denn daß die Guten für gefühlsbetonte Reaktionen, ausgelöst durch äußere Einflüsse oder eigenes Verschulden, genauso anfällig sind wie jeder andere Tennisspieler, ist naheliegend. Vielleicht sogar noch mehr, zumal ihr Nervenkostüm ganz besonders strapaziert wird.

Borg z. B. war zunächst ein ausgesprochen zorniger, junger Mann. Erst als er eines Tages für sich erkannte – so erzählte er mir –, daß man nur entweder wütend sein oder gutes Tennis spielen kann, begann seine große Karriere.
John McEnroe hat sich ähnlich geäußert. Auf meine Frage, wie er es immer wieder schaffen könne, unmittelbar nach einem Wutausbruch Asse zu servieren, erklärte er, daß seine Fähigkeit, sich zu konzentrieren, eben weit über dem Durchschnitt läge, daß er es aber trotzdem viel leichter hätte, gut zu spielen, wenn er sich nicht aufregen würde.

Bittere Erfahrungen haben die guten Spieler gelehrt, daß das, was sie von sich erwarten können, mit dem, was sie sich erträumen, nur ganz selten übereinstimmt. Deshalb versuchen sie auch nicht, ständig jene Superschläge zu machen, von denen die Tenniswelt so begeistert ist.

Das richtige Einschätzen ihrer Fähigkeiten schwächt sie aber nicht, sondern unterstützt sie in ihrem Bemühen, ihr Bestes zu geben.
Genau damit haben die anderen Spieler oft genug ihre Schwierigkeiten. Sie überfordern sich und stehen sich selbst und somit einem möglichen Erfolg im Wege. Dieser »falsche Umgang« mit ihren Zielen und Emotionen, hat in der Tat stark selbstzerstörerische Züge. Trotzdem macht der Schaden anscheinend nicht klug, denn es geschieht immer wieder, daß der Kopf, der ja eigentlich das Sagen hat, sich im Widerstreit mit den Gefühlen seiner Verantwortung weitgehend entzieht: Der Spieler geht mit ihm »durch die Wand, läßt ihn hängen, verliert ihn« oder spielt »ganz ohne ihn«.
Lendls Niederlage gegen Chang 1989 in Paris war so ein Beispiel. Hätte Lendl sich durch das außergewöhnliche Verhalten des von heftigen Krämpfen geplagten Chang nicht derart beeindrucken lassen, wäre er mit Sicherheit als Sieger vom Platz gegangen.

Oft lassen Spieler, vor allem die jüngeren, ihre Umwelt an ihrem »Kampf mit sich selbst« teilhaben, indem sie mit recht salopp klingenden Kommentaren zur Situation auf ihren inneren Zustand hinweisen.

Ich nenne Äußerungen dieser Art »*Phänomene*«, weil sie die ganze Palette menschlicher Unzulänglichkeiten widerspiegeln. Und weil deren nachhaltig negativen Auswirkungen auf das Spielgeschehen nicht deutlich genug herausgestrichen werden können, wird hier kurz auf die geläufigsten dieser verhängnisvollen Redewendungen eingegangen. Und natürlich darauf, wie sich die Besten in dieser Situation verhalten. Meistens jedenfalls.

Das »Erst-mal-locker-angehen-lassen«-Phänomen

Nur allzuoft erhält man diese Antwort, fragt man einen jüngeren Spieler, wie er sein Match taktisch zu führen beabsichtige. Abwarten, prüfen, den Gegner abtasten. O.K.! Aber »locker angehen lassen«?
Der gute Spieler kann sich das nicht leisten. Da der Punkt, das Spiel, der Satz in der Endabrechnung fehlen könnten, wird er kein Risiko eingehen. Er versucht vielmehr von Anfang an jeden Ballwechsel voll konzentriert und ernst zu spielen. Locker, körperbezogen, ja. Aber niemals auf die Einstellung zum Match.

In Paris (1989) hat Michael Chang Tennisgeschichte geschrieben. Seither gehört der Amerikaner zur Weltspitze.

Das »Den-ersten-Satz-verliere-ich-sowieso-immer«-Phänomen

Obwohl man zum Kampf angetreten ist, scheint man bereit (wenn es nicht gleich wunschgemäß läuft), freiwillig auf Spiele, ja auf einen ganzen Satz zu verzichten. Auch wenn man sich aus dem verlorengegangenen Terrain ein geschicktes Alibi zurechtzimmern kann, macht es keinen Sinn, sich erst nach einem »einkalkulierten« Verlust voll zu engagieren.

Der gute Spieler hütet sich davor, einen bestimmten Spielstand abzuwarten, ehe er loslegt. Er weiß, daß er nur durch ständiges Bemühen zu seiner Form findet. Niemand kann auf Kommando gut spielen!

Das »Mist-Rückhand«-Phänomen

Jeder Spieler hat seinen Paradeschlag. Dem traut er alles zu, dem verzeiht er vieles. Auch dumme Fehler. Nicht so seiner Schwäche. Bleibt der Rückhand-Longline z. B. zu häufig an der Netzkante hängen, werden nicht diese speziellen Schläge, sondern die Rückhand generell verdammt. »Typisch! Bei der Mist-Rückhand!« lautet der zynische Kommentar.
Der gute Spieler sieht sich als Ganzes. Er ist stolz auf seine Stärke, steht aber auch zu seinen schwächeren Schlägen. Er vertraut ihnen – da er ja auch nichts »Besseres« dafür einsetzen kann – und akzeptiert deren Fehler.
Oft geht er noch einen Schritt weiter. Er gibt die Schuld für verschlagene Bälle weniger seiner Schwäche als dem schnellen und genau plazierten Vorhandschuß seines Gegners. Agassi z. B. kann man immer wieder beobachten, wie er in ähnlichen Situationen seinem Gegner Beifall zollt. So kann er völlig entspannt weiterspielen, ohne Einbußen seines Könnens oder Selbstvertrauens hinnehmen zu müssen.

Das »Ich-hab's-ja-gewußt«-Phänomen

Fehler! Doppelfehler! Klar, was denn sonst.
Gleich, nachdem der erste Aufschlag an der Netzkante hängen blieb – also unmittelbar vor dem zweiten Service –, hat sich der Spieler, meist im Zusammenhang mit einem bestimmten Spielstand, bereits mit dem möglichen Doppelfehler beschäftigt. Er sieht ihn kommen und macht ihn auch. Beinah folgerichtig.

Der gute Spieler geht davon aus, daß sein Aufschlag funktioniert. Darum hat er ihn viele tausendmal geübt. Also wird er jetzt auch ins Feld gehen, jetzt, wo es darauf ankommt!
Und wenn er trotzdem ins Netz knallt, wird er ihn mit einem »Macht nichts!« als einen ganz normalen Fehler akzeptieren. Keinesfalls als Folge innerer Unsicherheit.

Das »Na-also,-geht-doch«-Phänomen

Oft genug kann man beobachten, wie junge Spieler gerade an ihrem Paradeschlag »zugrunde gehen«. Sie setzen ihn ein, ihren Vorhandschuß, immer und immer wieder, ohne ihn jedoch wirklich zu kontrollieren. Denn zur Schlagkontrolle gehört nicht nur das Beherrschen der korrekten Schwungbewegung, sondern auch das Erkennen, ob eine Situation tatsächlich geeignet ist, den Schlag besonders energisch durchzuziehen.
So bleibt der Schuß zum Teil an der Netzkante hängen oder geht um Zentimeter daneben. Doch dann schlägt er wieder ein, der Vorhandschuß, unerreichbar für den Gegner. Na also!
Und trotz oder gerade wegen dieses wirklich erstklassigen Vorhandschlages läuft das Spiel dann häufig etwa so ab:
Schuß ins Feld: 15:0;
Schuß ins Aus: 15:15;
Schuß ins Netz: 15:30;
Schuß ins Feld: 30:30;
Schuß ins Netz: 30:40;
Schuß ins Aus: Spiel!

Der tolle Vorhand-Schuß zum 30:30 war demnach die eigentliche Ursache, die zum verlorenen Spiel führte, hat er doch wie ein »Köder« den Spieler dazu verleitet, zu glauben, daß nur so das Match gewonnen werden kann, ja muß.

Natürlich setzt ein guter Spieler wie Lendl z. B. seine Killervorhand auch regelmäßig ein. Aber nicht schon nach dem zweiten oder dritten Ballwechsel muß es »krachen«. Lendl wartet ab. Erst wenn der herankommende Ball den Vorhandschuß tatsächlich ermöglicht, zieht er voll durch. Das kann schon beim ersten oder erst beim zehnten Schlag sein. Entscheidend ist nicht, wann die Chance kommt, sondern daß sie wahrgenommen wird. Und genau das tut Lendl dann auch.

Das »So-ein-Pech«-Phänomen

30:40. Satzball. Drei, vier Mal fliegt der Ball ruhig hin und her. Dann wird der Rückschläger von einem schnellen Cross-Ball des Aufschlägers aus dem Platz gedrängt. Mit dem riskanten Longline, den er außerhalb des Doppelfeldes schlägt, versucht er zu kontern. 20 cm neben der Seitenlinie klatscht der Ball ins Aus. Pech!

Daß sich dieses »Pech« schon mehrmals wiederholt hat, fällt ihm nicht auf. Und abends – in froher Runde – verkündet er euphorisch: »Wenn dieser Schlag bei 30:40 nicht so knapp neben die Linie geklatscht wäre! Der Gegner hätte keine Chance gehabt. Und ich hätte gewonnen. Pech!« Der Spieler trauert ihm nach, seinem Beinah-Super-Ball und übersieht dabei, daß jene richtungsändernden Schläge von Cross auf Longline, und unter Druck ganz besonders, zum technisch Schwierigsten überhaupt gehören.

Auch der gute Spieler liebt spektakuläre Bälle. Aber er kennt auch die Wahrscheinlichkeit, solche Schläge erfolgreich durchzuführen: Sie spricht gegen ihn. Also entscheidet er sich in der beschriebenen Situation zum Cross. Das ist zwar weniger brillant, dafür aber erheblich sicherer. Und da er sich lieber am Sieg »berauscht« als an einem Superschlag, verzichtet er auf diese Longline-»Droge«, vor allem dann, wenn er vom Spielstand her nichts riskieren sollte.

Das »Wenn-du-glaubst,-nur-du-kannst-Stop-Bälle«-Phänomen

Eigentlich ist es rational kaum zu erklären, warum sich immer wieder Spieler von bestimmten Schlägen des Gegners herausfordern lassen. Gerade der Stop scheint dafür besonders geeignet, denn oft genug kann man beobachten, daß zwei, drei erfolgreiche Stops des einen zumindest einen Stopballversuch des anderen provozieren. Gelingt dieser, ist für ihn die Tenniswelt wieder in Ordnung.

Zugegeben, auch Boris Becker hat eine gewisse Zeit seine Gegner mit deren eigenen Waffen zu schlagen versucht. Aber selbst für Boris, den Superstar, ist dies ein gefährliches Spiel, das er inzwischen nur noch gelegentlich praktiziert. Generell akzeptiert der Gute also die besondere Stärke seines Gegners. Da er den »Krieg« gewinnen will, verzichtet er darauf, seine Energie für kleine »Gefechte« zu vergeuden. So behält er den Überblick für sein Hauptziel.

Das »Das-glaub-ich-einfach-nicht«-Phänomen

Mit seinem besten Schlag, dem Vorhand-Longline, attackiert der Spieler. Der Ball, dem er ans Netz folgt, landet exakt in der Ecke. Zugegeben, genau von dort ist der Rückhand-Longline-Passierball zu erwarten, der Paradeschlag des Gegners, den dieser bereits ein dut-

zend Mal erfolgreich abgeschossen hat. Aber jetzt kann er doch nicht schon wieder unerreichbar vorbeispielen. Das kann einfach nicht sein.
Und ob er kann! Während der die Vorhand ziemlich unkontrolliert spielt, setzt er die Rückhand millimetergenau.

Auch der gute Spieler erliegt gelegentlich der Versuchung, seine Stärke zu strapazieren. Das geschieht vor allem dann, wenn zufällig die Paradeschläge der Kontrahenten aufeinandertreffen. Statt die schwächere, andere Seite anzugreifen, reizt es, die Stärke des Gegners zu bezwingen. Tollkühne Taktiker verfahren zum Teil absichtlich so. Sie attackieren ständig die Stärke des Gegners, um dann, bei einem Spielstand von 4:4 z.B., über die schwache Seite das entscheidende Break zu machen. Ein riskantes Spiel, das oft genug zum Eigentor wird.

Einfacher und richtiger dagegen ist es, zu akzeptieren, daß die Rückhand des Gegners (s.o.) ein hervorragender Schlag ist. Angriffsziel muß die Vorhand sein!

Das »Warum-ackere-ich-hier-überhaupt-herum?«-Phänomen

Nach hartem, aufopferndem Kampf das zweite, dritte oder gar vierte Spiel hintereinander zu verlieren, obwohl es jedesmal wenigstens Einstand hieß, ist nur schwer zu verkraften. Verständlich, wenn der angeschlagene Spieler am Sinn der ganzen Aktion zweifelt und sich vorstellt, wie schön es doch in einem Liegestuhl am Swimming-Pool sein könnte.
Verständlich? Der gute Spieler weiß, daß bei derart ausgeglichenem Spielverlauf auch das Glück eine gewichtige Rolle spielt. Nicht nur das Können.
Jimmy Connors z.B., der wie kaum ein anderer zu kämpfen versteht, hätte einen Großteil seiner Triumphe nicht feiern können, wenn er nach ein paar unglücklich verlorenen Spielen »sitzen« geblieben wäre. Connors steht auf, wischt sich den Schweiß von der Stirn und kämpft weiter. Die »Warum-ackere-ich-hier-überhaupt-herum?«-Frage stellt er nicht. Sie wäre ein Eingeständnis von Schwäche. Warum sollten die nächsten zwei, drei, vier Spiele nicht ihm zufallen, wenn er weiter dran bliebe? Glück hat auf Dauer nur der Tüchtige. Erst in der Garderobe wird abgerechnet. Stimmt's Jimmy?

Jimmy Connors am Boden. Wer den amerikanischen Fighter kennt, weiß, daß dies nur vorübergehend sein kann.

Das »Jetzt-hab-ich-gewonnen«-Phänomen

6:4, 5:2 führt der junge Mann gegen seinen um zwanzig Ranglistenplätze besser plazierten Rivalen. »Endlich hab ich dich! Es wurde ja auch Zeit!« Er schaut zu seiner Freundin, lächelt und forciert das Tempo. Jetzt will er schnell die nächsten Punkte, das nächste Spiel gewinnen. Zu schnell. Zwei, drei Flüchtigkeitsfehler, ein Glücksball des Gegners – und schon ist die schöne Führung weg. Als er eine Stunde später in der Garderobe voller Zorn die Schläger in die Ecke feuert, versteht er die Tenniswelt nicht mehr. Wie konnte er dieses Match noch verlieren?

Der gute Spieler kennt dieses oft so trügerische Überlegenheitsgefühl. Er weiß, daß erst nach dem Match-Ball abgerechnet wird. 6:4, 5:2 ist für ihn deshalb eher ein Signal, sich besonders zu konzentrieren, als bereits vom Sieg zu träumen. Nur allzuoft sind Träume – Schäume! Diszipliniert hält er sich deshalb an die gleiche Marschroute, die ihm diesen so wichtigen Spielvorteil eingebracht hat. Nur jetzt keine Experimente. Geduldig und zielstrebig »arbeitet« er weiter. Und er schafft es. Erst jetzt schaut er zu seiner Freundin rüber. Und lächelt.

Dazu ein Tip: Drehen Sie bei Ihrer 5:2-Führung das Ergebnis um. Machen Sie sich klar, daß Sie unbedingt die nächsten Punkte benötigen, wenn Sie nicht gegen Ihren Rivalen eine blamable 2:6-Niederlage einstecken wollen. Sie werden überrascht feststellen, daß es Ihrem Unterbewußtsein – genau wie im täglichen Leben – leichter fällt, zusätzliche Energie freizumachen, um ein drohendes Unheil abzuwenden, als zur Sicherstellung eines Erfolges! Meine eigenen Erfahrungen können dies 100%ig bestätigen.

Das »Mach-jetzt-bitte-einen-Doppelfehler«-Phänomen

Oft genug haben Spieler Schwierigkeiten mit den Aufschlägen ihrer Gegner. Das akzeptieren sie. Nicht jedoch ihre eigene Unsicherheit, bei entscheidenden Punkten den Return ins Feld zu spielen. Ist es da verwunderlich, wenn sie – nach mehreren direkt verpatzten Spielbällen – bei der nächsten hart erkämpften Break-Chance nur einen Wunsch haben: Mach jetzt bitte einen Doppelfehler! Verwunderlich nicht, auch menschlich verständlich. Aber als Eingeständnis eigener Unsicherheit wenig geeignet, sich aufzubauen. Auch der gute Spieler würde sich über solche Geschenke des Gegners freuen. Aber er sehnt sie nicht herbei. Was er sich wünscht, ist die Ruhe und Gelassenheit, einen guten Return zu schlagen. Dafür engagiert und konzentriert er sich. Gelingt er und schafft er so das so wichtige Break, wird sein ganzes Spiel davon profitieren. Ein »geschenkter« Punkt dagegen würde nicht annähernd die gleiche positive Auswirkung haben. Doch ohne Selbstvertrauen wird nur selten ein Match gewonnen.

Das »Heute-ist-nicht-mein-Tag«-Phänomen

Der dritte leichte Schmetterball landet um Zentimeter im Aus. Resignierend schüttelt der Spieler den Kopf. Was kann man da noch machen, wenn trotz aller Anstrengung dieser verdammte Ball nicht ins Feld geht? Nach Hause gehen, was sonst.
Der Spieler läßt sich von seinen Fehlern entmutigen. Statt zu prüfen, warum er den Ball verschlagen hat, setzt er »Fehler machen« mit »versagen« gleich und gibt sich viel zu schnell auf.

So einfach, wie manche annehmen, ist das Gewinnen ja nun wirklich nicht. Auch nicht für die guten Spieler. Wie oft sind Matches noch gekippt, die eigentlich schon entschieden waren. Gekippt zugun-

Auch eine Martina Navratilova macht »unforced errors«. Selbst einer mehrfachen Wimbledon-Siegerin bleiben solche Patzer nicht erspart. Aber sie steht darüber.

sten dessen, der dran blieb, der »nie den Schläger ins Korn warf«. Schon gar nicht wegen ein paar dumm verschlagener Bälle. Selbst Martina Navratilova bleibt es nicht erspart, daß sogenannte leichte Schläge danebengehen. Auch mehrere hintereinander. Sie lächelt, denn sie weiß, daß sie diese Fehler wegstecken muß. Also beißt sie die Zähne zusammen und kämpft weiter. Denn bekanntlich hat nur der verloren, der sich aufgibt. Das gilt gleichermaßen für ein Wimbledon-Finale wie für Ihr bevorstehendes Forderungsspiel.

Das »Dieser-Schlag-versöhnt-mich-mit-der-Niederlage!«-Phänomen

Zum achten oder neunten Mal probiert der Spieler den Rückhand-Topspin-Lob. Jetzt endlich gelingt er. Na also. Das wäre doch gelacht. Er scheint gar nicht zu bemerken, daß diese mißglückten Lob-Versuche ihm den 2:5-Rückstand im dritten Satz einbrachten. Und daß es sein Rückhand-Longline-Passierschlag war, der das Match gegen den ständig nach vorne kommenden Gegner bisher offen gehalten hatte. Als ein paar Minuten später das Spiel zu Ende geht, ist er ganz zufrieden, wo ihm doch der beste Topspin-Lob seiner Laufbahn geglückt war.

Den guten Spieler interessiert es kaum, wie er die Ballwechsel gewinnt. Nur daß er sie gewinnt, ist für ihn wichtig. Wenn sein Rückhand-Longline ihm die erhofften Punkte bringt, wird er sich hüten, dieses Erfolgsrezept aus Gründen der Variation oder gar der Show wegen aufs Spiel zu setzen. Erst wenn der Gegner diesen Ball regelmäßig parieren würde, wäre der Cross oder Lob dran. »Never change your winning game!« Dies gilt für die Taktik generell, aber auch für einen sehr erfolgreichen Schlag.

Das »Jetzt-schnell-einen-Punkt-machen«-Phänomen

Schon zwanzig Mal fliegt der Ball hin und her. Dann bleibt er an der Netzkante hängen. Unglücklich. 15:30. Macht nichts, denkt der Spieler, das haben wir gleich. Und er knallt auf den nächsten Return voll drauf. Und auf den übernächsten. Dann wechselt er kopfschüttelnd die Seiten, denn seine beiden aggressiven Schläge waren ebenfalls im Netz gelandet.

Pech? Glück? Der gute Spieler weiß, daß derartige Aktionen nur selten Erfolg haben. Mit unmotivierten und riskanten Schlägen läßt sich das Glück weder zwingen noch korrigieren. Wäre es so, würde jeder nur draufhauen.
Mut zum Risiko darf nicht mit unüberlegter Knallerei verwechselt werden. Schon gar nicht, wenn der Spieler zuvor mit Geduld erfolgreich war. Vielleicht ist gerade die Geduld jene Eigenschaft, die man als Grundvoraussetzung für den Erfolg überhaupt bezeichnen kann, ohne die ein Match unter Gleichstarken kaum gewonnen werden kann. Zwanzig beherrschte Vor- oder Rückhandschläge berechtigen jedenfalls nicht zu zwei unkontrollierten »Killer-Bällen«. Die Situation entscheidet, nicht allein der Spielstand.

Das »Wenn-der's-so-nötig-hat«-Phänomen

Spielstand: 3:2, dritter Satz, Vorteil Rückschläger, die Chance zum Gegenbreak. Beide Spieler schenken sich nichts. Da klatscht der Ball auf die Linie. Oder knapp dahinter. Schwer zu sagen. »Aus!« ruft der Servierende. Aber sein Gegner akzeptiert die Entscheidung nicht. »Der war doch deutlich auf der Linie.« Nach langer Diskussion – auch der Oberschiedsrichter wurde gerufen – wird bei Einstand weitergespielt. Doch jetzt geht's schnell. Nach fünf Minuten hat der Aufschläger 6:2 gewonnen. Sein Gegner hat aufgehört zu kämpfen. »Wenn der's so nötig hat«, brummt er, »bitte.«
Der gute Spieler respektiert den Aus-Ruf. Er weiß, daß man sich sehr wohl täuschen kann, daß viele Fehlentscheidungen unbeabsichtigt gemacht werden. Auf beiden Seiten. Warum soll er das Spiel bei Einstand nicht trotzdem gewinnen? Er braucht kein Alibi (Fehlentscheidung), um ohne »Imageverlust« verlieren zu können.
Nur hier und jetzt kann er das Match gewinnen. Unter der Dusche ist es zu spät. Verloren ist verloren. Mit oder ohne Alibi. Also weiterkämpfen. Was gut war kommt wieder. Und vielleicht war der Ball doch aus?

Das »Mit-fliegenden-Fahnen-untergehen«-Phänomen

Er schlägt auf, läuft zum Netz. Und wird passiert. Zum x-tenmal wiederholt sich die gleiche Situation. Der Aufschlag-Volley-Spieler kämpft einen vergeblichen Kampf gegen den Passierballspezialisten. Aber er wahrt sein Gesicht. Er gibt sich dem Besseren geschlagen. So ist der Sport.
Der gute Spieler hält nicht viel vom Untergehen, auch nicht mit fliegenden Fahnen. Wenn es zum Erfolg führt, ist er auch bereit, das Banner vorübergehend einzuholen. Deshalb stellt er nach verlorenem ersten Satz taktisch um und kämpft von hinten, wartet ab. Er geht nur noch vor, wenn die Chancen zum Punktgewinn klar für ihn sprechen. Er möchte gewinnen. Also muß er es auch versuchen. Auf jede sportliche Art, auch auf eine, die ihm eigentlich nicht liegt. Na und? Ist er hier angetreten, um in erster Linie Spaß zu haben oder um seinen Gegner zu schlagen?
Er will seine Siegesflagge hissen und nicht mit ihr untergehen.

Boris Becker mit »fliegender« Fahne nach dem gewonnenen Davis-Cup-Match gegen die USA (1989).

Die positiven Gedanken durchdringen ihn. Sie beflügeln ihn und lassen ihn »Tennis spielen«.
Nur wer von sich behauptet: »Ich treffe nichts!«, der trifft auch nichts. Das negative Bild, das der Spieler sich über seine Schläge, sein Tennis macht, löst die negative Erwartungshaltung aus: Der gute Schlag, die gute Leistung, der Erfolg werden blockiert.

Soweit, so gut! Jetzt wissen Sie, wo's langgeht! Nehmen Sie sich zu Herzen, was oder wie die Besten spielen. Aber vor allem, was sie denken, was für Ziele sie sich setzen. Das große »Geheimnis« ihrer Erfolge ist gelüftet. Jetzt sind Sie dran!

Das rein körperliche Engagement ohne die positive, auf Erfolg ausgerichtete mentale Unterstützung, wird Ihre Rückhand nicht viel schlagkräftiger, Ihre Spielanlage nicht viel effektiver werden lassen.
Ihr Unterbewußtsein läßt sich nicht täuschen: Es kennt Ihre wahre Einstellung. Sie ist es, die Ihnen den Erfolg sichert. Denken Sie also mit aller Überzeugung positiv! Dann wird Ihre Vorhand über die Netzkante pfeifen, Ihr Aufschlag unerreichbar in die Ecke klatschen, Ihr Flugball stets tödlich sein:
Sie werden Tennis spielen – wie die Besten...

Schlußbemerkung

Tennis ist toll!
Das gilt gleichermaßen für diejenigen, die so recht und schlecht den Ball übers Netz bugsieren können, die ihre Schläge schon gut beherrschen oder die hier so oft erwähnten Besten. Gern spielen sie alle, aber am liebsten gewinnen sie. Das trifft bestimmt auch für Sie zu!
Deshalb trainieren Sie. Deshalb strengen Sie sich an. Und deshalb lesen Sie dieses Buch. Sie erhoffen sich davon neue Impulse für Ihr Spiel, Anregungen, die Ihrer Spielstärke zugute kommen sollen.
Und genauso wird es sein, wenn Sie sich mit dem einen oder anderen hier angesprochenen Thema ernsthaft auseinandersetzen. Je fitter sie sind, körperlich, technisch und mental – desto besser wird Ihr Tennis sein. Der gute Spieler sagt sich: »Ich kann Tennis spielen.« In unzähligen Stunden härtesten Trainings und in vielen schweren Matches hat er sein Unterbewußtsein davon überzeugt.

Jetzt sind Sie dran! Machen Sie es den Besten nach...

Endlich die Nummer Eins! Boris Becker mit dem Sieges-Pokal der Australien-Open 1991.

BLV Bücher – für Tennisfreunde

BLV Sportpraxis 252
Dieter Birkner
Tennisregeln leicht verständlich

Geschichte, Spielidee, Spielregeln, Wettkampfregeln, Ranglisten, Verhaltenskodex, Organisation, Turniertennis, Schieds- und Linienrichter, Fachwortlexikon.

*128 Seiten,
20 Fotos,
33 zweifarbige Zeichnungen*

Deutscher Tennis Bund
Lehrbuch Tennis

Kompetentes Lehrbuch in moderner Konzeption und attraktiver, farbiger Ausstattung, das Technik und Taktik des Tennisspiels einprägsam darstellt.

*3. Auflage, 143 Seiten,
95 Farbfotos, 10 s/w-Fotos,
24 farbige Bildserien mit
292 Einzelabbildungen,
73 farbige Zeichnungen*

Der Tennistrainer

Lehrpraxis für Übungsleiter und Trainer: Sportpädagogik und -psychologie, Bewegungs- und Trainingslehre, Medizin, Materialkunde, Organisation und vieles mehr.

*167 Seiten,
74 Zeichnungen*

Dr. James E. Loehr
Persönliche Bestform durch Mentaltraining

Für Sport, Beruf und Ausbildung: wettkampfbewährtes Programm, um die so entscheidende mentale Kondition zu steigern, in seinen Leistungen beständig zu werden und auch im Alltag höchste Anforderungen zu meistern.

*192 Seiten,
14 Grafiken*

James E. Loehr
Tennis im Kopf

Der Ratgeber über den mentalen Weg zum Erfolg zeigt, wie Tennisspieler durch psychologische Stärke Höchstleistungen erbringen können, dargestellt am Beispiel von Spitzensportlern.

*167 Seiten,
33 Fotos*

Peter Terry
Mental zum Sieg

Leicht verständliche Analyse über die psychologischen Aspekte im Sport – mit zahlreichen Übungen: Ängste erkennen, Motivation steuern, sportliche Leistung steigern.

*167 Seiten,
14 Grafiken*

In unserem Verlagsprogramm finden Sie Bücher zu folgenden Sachgebieten:

Garten und Zimmerpflanzen · Natur · Angeln, Jagd, Waffen · Pferde und Reiten · Sport und Fitness · Reise und Abenteuer · Wandern und Alpinismus · Auto und Motorrad · Essen und Trinken · Gesundheit

Wünschen Sie Informationen, so schreiben Sie bitte an:
BLV Verlagsgesellschaft mbH, Postfach 40 03 20, 8000 München 40.

BLV Verlagsgesellschaft München